MW01089279

2025

AGENDA LUNAR
de una GUERRERA

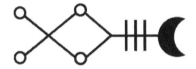

Mi corazon apunta a la libertad
Mia flechas a quein me la quita

Esta agenda pertenece a la Guerrera

_____

EDITORIAL
SHANTI NILAYA

Agenda lunar de una guerrera
D.R. © 2024 | Marta Bellochio
1a edición, 2024 | Editorial Shanti Nilaya®
Diseño editorial: Editorial Shanti Nilaya®

ISBN | 978-1-963889-92-5
eBook ISBN | 978-1-963889-93-2

editorial.shantinilaya.life

A ti mujer que te hiciste este regalo.

Tuve una suerte infinita que mi curiosidad me haya traído hasta aquí y no sé cómo, pero en el medio de este mundo ordinario, donde yo vivo, mi espíritu rebelde ganó un segundo de vida real y pude escaparme por unos minutos de mi agobiante forma humana. Fue el encuentro con un ser de luz, un Nagual: allí nació en mí un amor apasionante por descubrir la magia de la impecabilidad de ser.

Querida amiga, mujer, madre, abuela, para mis 50 años quise hacerme y hacerte un regalo, y este es un regalo de poder, para quienes lo podrán aprovechar, para todas aquellas mujeres enfocadas en recordar quienes somos, cuál es nuestra verdadera naturaleza.

Somos seres mágicos, seres de luz con el poder de la creación, mujeres con energía creativa, la misma energía de la Pachamama; somos la tierra, somos el fuego, el agua y el aire.

Con corazón abierto comparto los vividos, experimentos, aprendidos de la vida a lo largo de estos últimos doce años desde que decidí "dar la vuelta a la tortilla". Mi espíritu ya reclamaba su espacio y un evento extraordinario marcó un antes y un después y empecé un camino de autoconocimiento con la profundísima decisión de cambiar, de ser lo mejor de lo mejor de Marta. " ...la respuesta está en el vientre, solo tienes que escuchar...", " ...puedes lograr maravillas si controlas y haces circular la energía de la matriz...". La función primaria del útero es la reproducción, a fin de perpetuar nuestra especie. No obstante, la matriz también posee funciones secundarias sutiles y sofisticadas, hecho que desconocen la mayoría de las mujeres; el útero nos da una fuerza adicional para canalizar nuestra energía.

El útero es una máquina para crear no solo una vida humana sino todos los que queremos. Conocer nuestros ciclos menstruales es conocer cómo funciona está maravillosa maquinaría, es conocer las instrucciones para activarla y crear, es el primer paso para reconectar con nuestra verdadera naturaleza, con nuestro ser. Debe ser una relación de amor entre tú, tu útero y la madre naturaleza.

La llamé agenda de una Guerrera porque ¡así hay que actuar! Cómo Guerreras, con ganas de ganar todas nuestras batallas, con nuestras mejor sonrisas, defender con garras nuestra felicidad, paz y tranquilidad. Nunca dejar que nuestros peores momentos, nuestros problemas, nuestras tristezas nos ganen. Siempre, como guerreras impecables, estamos firmes en mantenernos en paz, contentas y felices.

En esta agenda empieza a anotar tus días de menstruación, como te sientes durante el ciclo, entre un ciclo y otro y también aquellas mujeres que ya no menstrúan, anoten cómo se sienten, en la menopausia el poder de las mujeres se vuelve más poderoso. Verás como, después de dos/tres meses te podrás dar cuenta de que todo es mágicamente cíclico, todo se repite, cada mes, cada ciclo. Ahora ya lo sabes. Ahora podrás identificar cuándo te sientas más cansada o con más energía. El conocimiento es poder, ¡recuerdalo!

Colorea cada hoja a tu gusto y descubrirás la magia de las emociones y los colores.

Usala como cuaderno de poder, te sorprenderá encontrar exactamente lo que necesitas en el momento que lo necesitas: frases de poder, canciones, poemas, frases para alentar tu éxito o para sostenerte si estás por caer.

¡NO TE RINDAS NUNCA! El recuerdo de que somos magia es lo que nos motiva, y como siempre dice mi Nagual:

"Huevos, huevos, huevos y ni un paso atrás Guerreras."

Con cariño.

Marta

Lo que deja tu alegría tranquila es tu calidad de ser. Quédate en paz
y la vida te sonríe al punto de dejarte dibujada en tu rostro esta sonrisa
que ya más nadie ni nada te borrará.

Aliado de Poder:

Es como un salvavida en un mar en tormenta. Cuando ocurre la tormenta dentro de ti, aférrate a un aliado de poder. Pega acá una imagen de la mejor versión de ti misma; una imagen que te haga vibrar alto, una imagen que transmite tu energía, tu fuerza, tu poder y tus alegrías. Este será tu ALIADO DE PODER, tu **RECORDATORIO MÁGICO,** un lugar a donde ir si te sientes triste, si te cambia la alegría, si te entran algunas dudas estúpidas que quitan la sonrisa de tu rostro, si se cruza una situación difícil.......Este aliado de poder será lo que te hace recordar que TU TIENES LA ÚLTIMA PALABRA DE CÓMO SENTIRTE, TU DECIDES, tu sigues con fuerza en tu camino, con tu mejor sonrisa, en tu posición de paz y alegría.

Acá estás tú: la mejor versión de ti misma.

"*Si la mujer toma conciencia de que su vida menstrual es una expresión de un ser de naturaleza cíclica, comenzará a ver qué forma parte de los grandes ciclos del universo, acepta aún más su verdadera condición y conseguirá traer la armonía a su vida*"

(Miranda Gray)

Hormonas
Cambios Físicos
Fases Menstruales
Movimientos Lunares

Bailan de formsa cíclica y sinuosa

2025

01 ENERO

D	L	M	M	J	V	S
			1	2	3	4
5	6	7	8	9	10	11
12	13	14	15	16	17	18
19	20	21	22	23	24	25
26	27	28	29	30	31	1
2	3	4	5	6	7	8

02 FEBRERO

D	L	M	M	J	V	S
26	27	28	29	30	31	1
2	3	4	5	6	7	8
9	10	11	12	13	14	15
16	17	18	19	20	21	22
23	24	25	26	27	28	1
2	3	4	5	6	7	8

03 MARZO

D	L	M	M	J	V	S
23	24	25	26	27	28	1
2	3	4	5	6	7	8
9	10	11	12	13	14	15
16	17	18	19	20	21	22
23	24	25	26	27	28	29
30	31	1	2	3	4	5

04 ABRIL

D	L	M	M	J	V	S
30	31	1	2	3	4	5
6	7	8	9	10	11	12
13	14	15	16	17	18	19
20	21	22	23	24	25	26
27	28	29	30	1	2	3
4	5	6	7	8	9	10

05 MAYO

D	L	M	M	J	V	S
27	28	29	30	1	2	3
4	5	6	7	8	9	10
11	12	13	14	15	16	17
18	19	20	21	22	23	24
25	26	27	28	29	30	31
1	2	3	4	5	6	7

06 JUNIO

D	L	M	M	J	V	S
25	26	27	28	29	30	31
1	2	3	4	5	6	7
8	9	10	11	12	13	14
15	16	17	18	19	20	21
22	23	24	25	26	27	28
29	30	1	2	3	4	5

2025

07 JULIO

D	L	M	M	J	V	S
25	26	1	2	3	4	5
6	7	8	9	10	11	12
13	14	15	16	17	18	19
20	21	22	23	24	25	26
27	28	29	30	31	1	2
3	4	5	6	7	8	9

08 AGOSTO

D	L	M	M	J	V	S
27	28	29	30	31	1	2
3	4	5	6	7	8	9
10	11	12	13	14	15	16
17	18	19	20	21	22	23
24	25	26	27	28	29	30
31	1	2	3	4	5	6

09 SEPTIEMBRE

D	L	M	M	J	V	S
27	1	2	3	4	5	6
7	8	9	10	11	12	13
14	15	16	17	18	19	20
21	22	23	24	25	26	27
28	29	30	1	2	3	4
5	6	7	8	9	10	11

10 OCTUBRE

D	L	M	M	J	V	S
28	29	30	1	2	3	4
5	6	7	8	9	10	11
12	13	14	15	16	17	18
19	20	21	22	23	24	25
26	27	28	29	30	31	1
2	3	4	5	6	7	8

11 NOVIEMBRE

D	L	M	M	J	V	S
26	27	28	29	30	31	1
2	3	4	5	6	7	8
9	10	11	12	13	14	15
16	17	18	19	20	21	22
23	24	25	26	27	28	29
30	1	2	3	4	5	6

12 DICIEMBRE

D	L	M	M	J	V	S
23	24	25	26	27	28	29
30	1	2	3	4	5	6
7	8	9	10	11	12	13
14	15	16	17	18	19	20
21	22	23	24	25	26	27
28	29	30	31	1	2	3

YO CAMBIO CON LA LUNA

Somos cíclicas
Somos lunáticas
Somos varias mujeres en una
Cada mes morimos y volvemos a nacer
Somos cambiantes
Somos niñas, somos madres, somos abuelas
Hoy nos gusta algo y mañana ya deja de gustarnos
Hoy ganamos, mañana aprendemos
Hoy damos un abrazo, mañana lo recibimos
Hoy sonreímos, mañana lloramos
Hoy nos sentimos felices, mañana nos sentimos tristes
Hoy amamos, mañana somos indiferentes
Hoy estamos contentas, mañana deprimidas
Cambiamos, cambiamos
Cambiamos continuamente

No estamos locas
Simplemente somos mujeres
Cada ciclo lunar cambiamos con la luna.
La luna influencia los líquidos de la tierra,
el agua del mar, nuestra sangre,
nuestros líquidos, nuestras emociones.

Conocer sus fases y la influencia que dejan
en nuestro ser es indispensable en el camino hacia
nuestra totalidad de ser.
Una mujer que ha decidido honrar la luna
y sus fases ha decidido honrar la Diosa que lleva adentro.
Somos Diosas poderosas
Somos Creadoras de vidas
Somos el único "transporte" para que
el ser humano llegue a la tierra
Somos magia
Somos hijas de la madre Tierra
Somos naturaleza femenina con el poder de la creación
¡Nunca se te olvide!

En esta agenda encontrarás

Fases Lunares

Dibujos para colorear

Rituales de luna

Frases de poder

Acciones que tomar

Conocer estos datos es de gran ayuda para planificar mejor tu agenda, estableciendo momentos de descanso, productividad y acción para sincronizar tus ritmos con los ritmos naturales, para reconciliar tu fuerza biológica y usarla en tu vida.

ENERO

"Se fue la luna
Se pusieron las Pléyades
Es medianoche
Pasa el tiempo
Estoy sola"

(Saffo, poetisa griega)

Enero 2025

Domingo	Lunes	Martes	Miércoles	Jueves	Viernes	Sábado
			1	2	3	4
5	6 ◑ *Cuarto creciente*	7	8	9	10	11
12	13 ○ *Luna llena*	14	15	16	17	18
19	20	21 ◑ *Cuarto menguante*	22	23	24	25
26	27	28 ● *Luna negra*	29 ● *Luna nueva*	30	31	

MIS FINANZAS

Reto de enero:

FECHA	CONCEPTO	ENTRADA	SALIDA

"Gastamos dinero que no tenemos en cosas que no necesitamos, para impresionar a gente a la que no le importamos"

(Will Smith)

31 | DICIEMBRE | 2024

MARTES | *Luna nueva*

Respira

_____
_____
_____
_____
_____
_____
_____
_____

Busca un lugar lo más aislado posible, para que sientas cómo se siente la quietud y el silencio y en este silencio deja que tú espíritu te hable.

1 | MIÉRCOLES | ENERO 2025

Medita

_____
_____
_____
_____
_____
_____
_____

Sigue el ritual de luna nueva en la próxima página

FASE LUNAR
La Menstruación
Día 1, día de sangrado

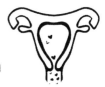

Que nos pasa a nivel físico:

- La superficie del endometrio se rompe y se convierte en fluido rojo que contiene sangre, pero también células madres, vitaminas, proteínas, sales minerales, cobre, magnesio y potasio.
- El cuello del útero está ligeramente abierto para dejar pasar la sangre
- Estamos inundadas de oxitocina
- Es el fin de un ciclo e inicio de otro
- El cuerpo nos pide descansar
- La espiritualidad sustituye a la sexualidad

Luna nueva - Cuarto creciente

Que nos pasa a nivel emocional

- Es la fase oscura por excelencia
- Es el momento de quietud y meditación
- Es la fase del silencio y la introspección
- Debemos tomarnos el tiempo de menstruar y así recargar energía para el ciclo que va a empezar
- Habla la intuición y el instinto
- Cómo se derrama la sangre así debemo dejar ir lo que ya no sirve
- Conectar con tu yo más íntimo

Invierno

La bruja arquetípicamente representa la sabiduría, la interiorización, la magia, la quietud y la renovación.

En el jardín

- La savia se concentra en las raíces
- Eliminar hojas marchitas y deshierbar
- Usa tu sangre menstrual para abonar tus plantas
- Es tiempo de podar
- Cosechar plantas de raíz (zanahoria, rábanos)

Ritual de luna nueva

Haz una lista de lo que quieres lograr en este ciclo lunar.
Tienes 28 días para visualizarlo y crearlo.

En las noche de luna nueva crea tu altar, prendes una vela y entregas tus intenciones, tus sueños, tus afirmaciones. Detente por un momento en silencio, medita, agradece, bendice tu altar y ten la certeza que todo lo que quieres desde el corazón ya está para ti.

"Hay que ser práctica en pedir deseos"

ENERO

02 | JUEVES

Escucha

La intuición es un mensaje de uno mismo desde el futuro.
¡Escúchalo! ¡Acéptalo!

03 | VIERNES

ENERO

04 | SÁBADO

La brujería es un estado de consciencia.
Es la capacidad de percibir lo que la percepción común no puede captar.

05 | DOMINGO

Observaciones personales

Utiliza este espacio para anotar cómo te sientes.
Recuerda que somos cíclicas; anotar tus emociones te
ayuda a reconocer el ciclo en el que estás pasando, a vivir
en armonía.
Todo pasa, Todo cambia.

FASE LUNAR
Fase Folicular
Desde el dia 7 hasta el dia 12/13 del ciclo

Que nos pasa
a nivel físico:

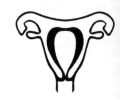

- La glándula pituitaria manda una señal para que el cuerpo empiece a producir hormonas: **estrógeno**, **testosterona**, la **hormona FSH (folículo estimulante)** y la **hormona luteinizante** para la formación y liberación de óvulos maduros y para preparar el endometrio para un eventual embarazo
- Es la fase donde se produce el desarrollo de folículos ováricos
- Aumenta la **serotonina** de día y la **melatonina** de noche
- Aumenta la energía física, una energía comparable a la primavera nos invade

Cuarto cresiente - Luna llena

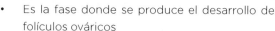

Que nos pasa
a nivel
emocional

Primavera

- Es una fase de preparación para el inicio de algo nuevo, nos preparamos para crear
- Sensación de fuerza que llena el cuerpo
- Fase de potencialidad y vitalidad mental
- Es el momento de iniciar cosas, poner en marcha un proyecto, planear
- Buen momento para tomar decisiones, la serotonina nos da lucidez, pensamientos claros
- Necesitamos dormir menos y tenemos más ganas de socializar
- Sube la autoestima y nos vemos más lindas
- Sube el deseo sexual

La virgen arquetípicamente representa resolución y control

En el jardín

- La savia empieza a movilizarse hacia arriba
- Ideal para sembrar hortaliza de hoja y todas plantas que crecen en altura

ENERO

06 | LUNES

Planea

Cuarto creciente

....
....
....
....
....
....

"La imaginación es el comienzo de la creación. Imagina lo que deseas y luego crees que es verdad. Todos los sueños pueden ser realizados por aquellos que son lo suficientemente disciplinados como para lograrlo"

(Neville Goddard)

07 | MARTES

....
....
....

Imagina

....
....
....
....
....

ENERO

08 |MIÉRCOLES

Visualiza

Somos energía
Nuestras células transforman pensamientos y deseos verdaderos en realidad

09 | JUEVES

ENERO

10 | VIERNES

Tú tienes la última palabra de cómo sentirte. ¡Tú decides! Ve al inicio de esta agenda y busca tu *RECORDATORIO MÁGICO*. ¡Míralo! Respira toda la energía que él trasmite. Eres tu en tu mejor versión; cárgate de esta energía y actúa ya casi llegamos a la luna llena. Que nada ni nadie te distraiga de tu objetivo

11 | SÁBADO

ENERO

12 | DOMINGO

_____
_____
_____
_____
_____
_____
_____
_____
_____
_____
_____
_____

Luna llena, Luna llena
Llename, llename de Amor

(Abuela Margarita)

13 | LUNES

Luna llena

_____
_____
_____
_____
_____
_____
_____
_____

Agradece

Sigue el ritual de luna llena en la próxima página

FASE LUNAR
La Ovulación
Desde el día 13 hasta el día 17/18 del ciclo

Que nos pasa
a nivel físico:

- El folículo dominante libera el óvulo
- Se produce progesterona y la hormona luteinizante alcanza su máximo nivel
- La ovulación ha inicio
- La subida de nivel de las feromona nos hace sentir más atractivas, más lindas, seductoras, empáticas
- Tenemos muchísima energía

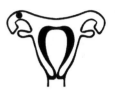

Luna llena - Cuarto menguante

Que nos pasa
a nivel
emocional

- Es el momento de nutrir y ejecutar nuestro proyecto
- Es el momento de crear
- Tenemos más ganas de salir, estar en compañía
- Nos invade una oleada de energía creadora que si no está bien canalizada se convierte en nerviosismo e histeria
- Podemos sentirnos distraídas y con muchos antojos
- Aumenta la libido

Verano

La madre arquetípicamente es armonía, empatía, es protectora y asume responsabilidades

En el jardín

- La savia se concentra en tallo, hojas, ramas y flores
- Ideal para cosechar hortalizas de hojas
- Podar si queremos que crezca más fuerte y más folliaje
- Trasplantar si queremos que las hojas se desarrollen más rápidamente

Luna llena

La luna llena es la matrona, la madre, la emperatriz del tarot, la diosa creadora de sus propios caminos; es fuente de vida y nacimiento.

Hoy la luna alcanza su máximo esplendor, está bellísima y nosotras igual, nuestra energía está al máximo. Estamos ovulando, estamos creando. La fertilidad es crear, la fertilidad es mujer. Crear un libro, una canción, un proyecto, poemas, escultura, un cuadro, hacer negocios, construir un hogar ...hasta tenemos el poder de crear una vida humana.

CREAR ES UNA DE NUESTRAS HABILIDADES COMO MUJERES

En la luna llena es un tiempo donde las mujeres experimentan una oleada de energía, que si no está canalizada se convierte en nerviosismo. Canalizada y dirigida, esta energía de la luna inicia acciones que hacen que los deseos y sueños ocurran, interconecta mujeres en todo el mundo y mueve las ideas iniciales de luna nueva hacia realidades manifiestas. Las mujeres alcanzan el tope de su voluntad y de su ser creativo y se convierten en diosas atrayendo la luna .

Apunta tu energía hacia tus sueños

Ritual de luna llena

¡HOY HAY QUE CELEBRAR!

Prende una vela, un fuego, canta, baila, ríete, embriágate de felicidad, celebra sola o con más mujeres. Tómate un momento para observar la luna y repite en voz alta.

VEN A MI Y LLENAME CON TU LUZ
ENTRA EN MI BRILLANDO CON TU PLENITUD
QUE PUEDA USAR TU PODER PARA MI BIEN
Y PARA EL BIEN DE TODOS

Luego busca la lista de tus deseos (la lista que recopilaste durante la luna nueva) y vuelve a leerla en voz alta para que se cargue con el poder de la luna llena, agradece y termina diciendo "Así sea". Quédate en silencio unos minutos y termina apagando la vela.

Si tienes cristales es un buen momento para sacarlos y dejar que la luz de la luna los cargue con su energía. Deja tus cristales toda la noche bajo la luz de la luna y retíralos antes que salga el sol.

ENERO

14 | MARTES

Actua

Una persona que nunca ha cometido errores, nunca ha intentado hacer nada. Hay que analizar, hay que reflexionar, hay que planificar pero sobre todo hay que concluir en tiempo justo y pasar a la acción

(Albert Einstein)

15 | MIÉRCOLES

Crea

ENERO

16 | JUEVES

Los pensamientos tienen poder y forma y producen una vibración.
¡Mantén altos tus pensamientos!

17 | VIERNES

ENERO

18 | SÁBADO

....

....

....

....

....

....

....

....

....

¿Sientes como la energía empieza a bajar?
Son los últimos días para dar un empujón a nuestros objetivos y agradecer los
avances que hemos tenido desde la luna llena.

19 | DOMINGO

....

....

....

....

....

....

....

Observaciones personales

Utiliza este espacio para anotar cómo te sientes.
Recuerda que somos cíclicas; anotar tus emociones
te ayuda a reconocer el ciclo en el que estás
pasando, a vivir en armonía.
Todo pasa, Todo cambia.

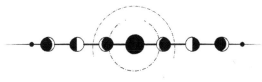

ENERO

20 | LUNES

Cuanto más intentes controlar algo, más te controla a ti; libérate y deja que las cosas sigan su propio curso natural.

(Buda)

21 | MARTES

Cuarto menguante

Medita

FASE LUNAR
Fase Lútea
Desde el día 18 hasta el final del ciclo

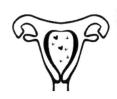

Que nos pasa
a nivel físico:

- El folículo vacío que ha quedado en el ovario tras la ovulación da lugar al cuerpo lúteo
- El cuerpo se prepara para un eventual embarazo
- Alta producción de **progesterona** que hace que el endometrio aumente de espesor; si no se produce el embarazo, la progesterona empieza a bajar y el endometrio empieza a "morir"
- Tratamos de no gastar energía
- Queremos dormir más
- Nos volvemos más sensibles
- Empieza una fase de reflexión
- Habla la intuición

Cuarto menguante – Luna negra

Que nos pasa
a nivel
emocional

- Es una fase para sanar y avanzar en nuestro proceso de crecimiento personal
- Es la fase ideal para indagar en nuestras necesidades, nuestros miedos
- Es el momento de limpiar, hacer orden y tirar lo que ya no sirve
- En esta fase nos conectamos con la magia interior, con nuestros poderes

Otoño

La hechicera arquetípicamente mira hacia dentro y deja atrás lo que ya no sirve. Se vincula al misterio y al interior.

En el jardín

- La savia empieza a descender hacia las raíces
- Ideal para sembrar hortalizas de raíz
- Trasplantar, abonar, cortar hojas secas

ENERO

22 | MIÉRCOLES

Cierra

No caigas en el sentimentalismo. Sabes que todo termina, está en la naturaleza de las cosas. Deja ir lo que ya no sirve.

23 | JUEVES

Deja ir

ENERO

24 | VIERNES

"La crisis es la mejor bendición que pueda sucederle a una persona, porque la crisis trae cambio, trae progreso"

(Albert Einstein)

25 | SÁBADO

ENERO

26 | DOMINGO

¡No te desesperes! En estos días podrás sentirte cansada, sin fuerza solo déjalo ir. Recuerda que cuando estamos en luna menguante nuestra fuerza disminuye. Evita tomar decisiones, espera el cambio de la luna.

27 | LUNES

Observaciones personales

Utiliza este espacio para anotar cómo te sientes.
Recuerda que somos cíclicas; anotar tus emociones
te ayuda a reconocer el ciclo en el que estás
pasando, a vivir en armonía.
Todo pasa, Todo cambia.

Ritual de luna negra

Hoy la luna se oculta, pierde completamente su iluminación, por lo que "desaparece" dejando una noche en total oscuridad. ¡No te cargues de actividades! Es un momento de mucha introspección. Esta oscuridad nos invita a enfrentar los conflictos internos y traerlos a la luz . Todo puede suceder el día de hoy, no te apures.

Hoy es un buen día para regalarte un buen masaje a tus pies, piernas y manos, para sacar cualquier residuo de energía que ya no sirve. Mañana empieza un nuevo ciclo, hay que despertarse más liviana, con nuevas energías.

En la noche de luna negra escribe en un papel todo aquello que deseas soltar, dejar ir (personas, cosas, pensamientos, emociones).
Sé valiente y recuerda que te mereces todo lo bueno.

Prende una vela o una fogata y quema tu lista con el fuego con la intención de dejar ir definitivamente. Este acto de poder permite la liberación y la transformación y abre espacios para nuevas ideas, pensamientos y nuevas oportunidades. Quédate algunos minutos en silencio, siente la oscuridad, siente la magia que hay en ti, pídele ayuda y protección.

¡Confía!

ENERO

28 | MARTES

Luna negra

Sueta

DONDE TODO TERMINA
TODO EMPIEZA OTRA VEZ

∞

Observaciones personales

Un espacio para anotar tus pensamientos, tus emociones.

FASE LUNAR
La Menstruación
Día 1, día de sangrado

Que nos pasa
a nivel físico:

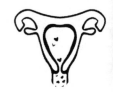

- La superficie del endometrio se rompe y se convierte en fluido rojo que contiene sangre, pero también células madres, vitaminas, proteínas, sales minerales, cobre, magnesio y potasio.
- El cuello del útero está ligeramente abierto para dejar pasar la sangre
- Estamos inundadas de oxitocina
- Es el fin de un ciclo e inicio de otro
- El cuerpo nos pide descansar
- La espiritualidad sustituye a la sexualidad

Luna nueva - Cuarto creciente

Que nos pasa
a nivel
emocional

- Es la fase oscura por excelencia
- Es el momento de quietud y meditación
- Es la fase del silencio y la introspección
- Debemos tomarnos el tiempo de menstruar y así recargar energía para el ciclo que va a empezar
- Habla la intuición y el instinto
- Cómo se derrama la sangre así debemos dejar ir lo que ya no sirve
- Conectar con tu yo más íntimo

Invierno

La bruja arquetípicamente representa la sabiduría, la interiorización, la magia, la quietud y la renovación.

En el jardín

- La savia se concentra en las raíces
- Eliminar hojas marchitas y deshierbar
- Usa tu sangre menstrual para abonar tus plantas
- Es tiempo de podar
- Cosechar plantas de raíz (zanahoria, rábanos)

ENERO

29 MIÉRCOLES

Luna nueva

Respira

En el silencio recordarás lo que tu alma ya sabe.

(Rumi)

30 JUEVES

Medita

Sigue el ritual de luna nueva en la próxima página

Escucha

La intuición es esa respuesta rápida que sale
de lo más profundo de tu ser

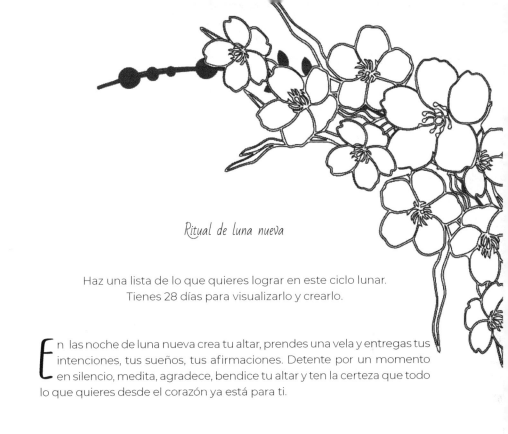

Ritual de luna nueva

Haz una lista de lo que quieres lograr en este ciclo lunar.
Tienes 28 días para visualizarlo y crearlo.

En las noche de luna nueva crea tu altar, prendes una vela y entregas tus intenciones, tus sueños, tus afirmaciones. Detente por un momento en silencio, medita, agradece, bendice tu altar y ten la certeza que todo lo que quieres desde el corazón ya está para ti.

"Hay que ser práctica en pedir deseos"

Observaciones personales

Utiliza este espacio para anotar cómo te sientes.
Recuerda que somos cíclicas; anotar tus emociones
te ayuda a reconocer el ciclo en el que estás
pasando, a vivir en armonía.
Todo pasa, Todo cambia.

....

....

....

....

....

....

....

....

....

....

....

....

....

....

....

....

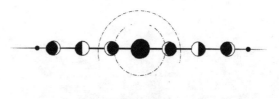

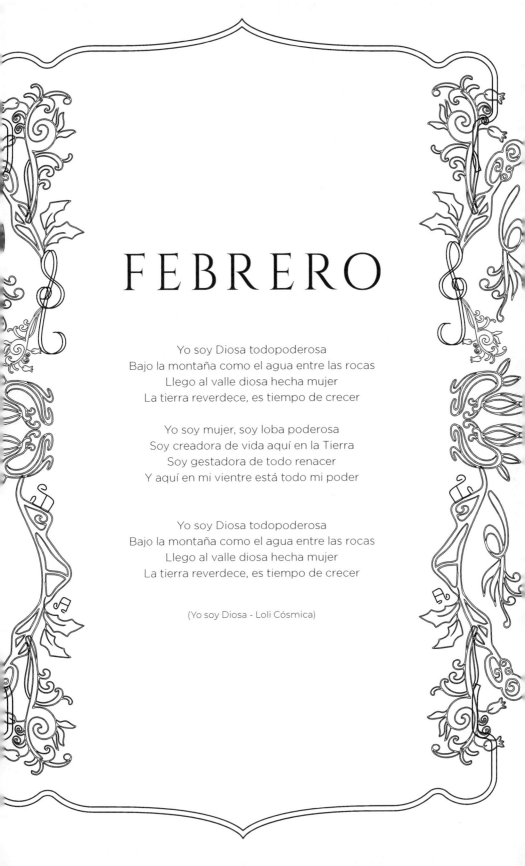

FEBRERO

Yo soy Diosa todopoderosa
Bajo la montaña como el agua entre las rocas
Llego al valle diosa hecha mujer
La tierra reverdece, es tiempo de crecer

Yo soy mujer, soy loba poderosa
Soy creadora de vida aquí en la Tierra
Soy gestadora de todo renacer
Y aquí en mi vientre está todo mi poder

Yo soy Diosa todopoderosa
Bajo la montaña como el agua entre las rocas
Llego al valle diosa hecha mujer
La tierra reverdece, es tiempo de crecer

(Yo soy Diosa - Loli Cósmica)

Febrero 2025

Domingo	Lunes	Martes	Miércoles	Jueves	Viernes	Sábado
						1
2	3	4	5 Cuarto creciente	6	7	8
9	10	11	12 Luna llena	13	14	15
16	17	18	19	20 Cuarto menguante	21	22
23	24	25	26 Luna negra	27 Luna nueva	28	

MIS FINANZAS

Reto de febrero

FECHA	CONCEPTO	ENTRADA	SALIDA

"La mejor inversión que puedes hacer es en ti mismo,
cuánto más aprendas más vas a ganar"

(Warren Buffet)

FEBRERO

01 | SÁBADO

....
....
....
....
....
....
....
....
....
....

Aquellos que creen en la magia, están destinados a encontrarla.

02 | DOMINGO

....
....
....
....
....
....
....
....

FEBRERO

03 | LUNES

Cada mañana cuando abro los ojos, al margen de las circunstancias, tengo el poder de hacerme feliz el día. La felicidad es una decisión.

04 | MARTES

FEBRERO

05 | MIERCOLES

Planea

Cuarto creciente

....
....
....
....
....
....

"*El tiempo utilízalo en cosas que realmente te sumen.
El tiempo es lo más valioso*"

(Sulle Ali dell'Intento - Taisha Abelar)

06 | JUEVES

....
....
....

Imagina

....
....
....
....
....

FASE LUNAR
Fase Folicular
Desde el día 7 hasta el día 12/13 del ciclo

Que nos pasa
a nivel físico:

- La glándula pituitaria manda una señal para que el cuerpo empiece a producir hormonas: **estrógeno, testosterona,** la **hormona FSH (folículo estimulante)** y la **hormona luteinizante** para la formación y liberación de óvulos maduros y para preparar el endometrio para un eventual embarazo
- Es la fase donde se produce el desarrollo de folículos ováricos
- Aumenta la **serotonina** de día y la **melatonina** de noche
- Aumenta la energía física, una energía comparable a la primavera nos invade

Cuarto creciente - Luna llena

Que nos pasa
a nivel
emocional

- Es una fase de preparación para el inicio de algo nuevo, nos preparamos para crear
- Sensación de fuerza que llena el cuerpo
- Fase de potencialidad y vitalidad mental
- Es el momento de iniciar cosas, poner en marcha un proyecto, planear
- Buen momento para tomar decisiones, la serotonina nos da lucidez, pensamientos claros
- Necesitamos dormir menos y tenemos más ganas de socializar
- Sube la autoestima y nos vemos más lindas
- Sube el deseo sexual

Primavera

La virgen arquetípicamente representa resolución y control

En el jardín

- La savia empieza a movilizarse hacia arriba
- Ideal para sembrar hortaliza de hoja y todas plantas que crecen en altura

FEBRERO

07 | VIERNES

Visualiza

La visualización creativa utiliza el poder de la mente subconsciente y lo hace accesible a la realidad diaria.

(El poder espiritual de la mujer -Diane Stein)

08 | SÁBADO

FEBRERO

09 | DOMINGO

Tú tienes la última palabra de cómo sentirte. ¡Tu decides! Ve al inicio de esta agenda y busca tu RECORDATORIO MÁGICO. ¡Míralo! Respira toda la energía que él trasmite. Eres tu en tu mejor versión; cárgate de esta energía y actúa... ya casi llegamos a la luna llena. Que nada ni nadie te distraiga de tu objetivo

10 | LUNES

○

11 | MARTES

La rebeldía de nuestro espíritu guerrero nos da el impulso de romper con la mediocridad general. Salir del común denominador es una explosión de vida.

¡VIVA LA VIDA !

(Ruben Oscar Guglielmo)

○

12 | MIÉRCOLES

Luna llena

Agradece

Sigue el ritual de luna llena en la próxima página

FASE LUNAR
La Ovulación
Desde el día 13 hasta el día 17/18 del ciclo

Que nos pasa a nivel físico:

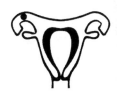

- El folículo dominante libera el óvulo
- Se produce progesterona y la hormona luteinizante alcanza su máximo nivel
- La ovulación ha inicio
- La subida de nivel de las feromona nos hace sentir más atractivas, más lindas, seductoras, empáticas
- Tenemos muchísima energía

Luna llena - Cuarto menguante

Que nos pasa a nivel emocional

- Es el momento de nutrir y ejecutar nuestro proyecto
- Es el momento de crear
- Tenemos más ganas de salir, estar en compañía
- Nos invade una oleada de energía creadora que si no está bien canalizada se convierte en nerviosismo e histeria
- Podemos sentirnos distraídas y con muchos antojos
- Aumenta la libido

Verano

La madre arquetípicamente es armonía, empatía, es protectora y asume responsabilidades

En el jardín

- La savia se concentra en tallo, hojas, ramas y flores
- Ideal para cosechar hortalizas de hojas
- Podar si queremos que crezca más fuerte y más follaje
- Trasplantar si queremos que las hojas se desarrollen más rápidamente

Luna llena

La luna llena es la matrona, la madre, la emperatriz del tarot, la diosa creadora de sus propios caminos; es fuente de vida y nacimiento.

Hoy la luna alcanza su máximo esplendor, está bellísima y nosotras igual, nuestra energía está al máximo. Estamos ovulando, estamos creando. La fertilidad es crear, la fertilidad es mujer. Crear un libro, una canción, un proyecto, poemas, escultura, un cuadro, hacer negocios, construir un hogar ...hasta tenemos el poder de crear una vida humana.

CREAR ES UNA DE NUESTRAS HABILIDADES COMO MUJERES

En la luna llena es un tiempo donde las mujeres experimentan una oleada de energía, que si no está canalizada se convierte en nerviosismo. Canalizada y dirigida, esta energía de la luna inicia acciones que hacen que los deseos y sueños ocurran, interconecta mujeres en todo el mundo y mueve las ideas iniciales de luna nueva hacia realidades manifiestas. Las mujeres alcanzan el tope de su voluntad y de su ser creativo y se convierten en diosas atrayendo la luna .

Apunta tu energía hacia tus sueños

Ritual de luna llena

¡HOY HAY QUE CELEBRAR!

Prende una vela, un fuego, canta, baila, ríete, embriágate de felicidad, celebra sola o con más mujeres. Tómate un momento para observar la luna y repite en voz alta.

VEN A MI Y LLENAME CON TU LUZ
ENTRA EN MI BRILLANDO CON TU PLENITUD
QUE PUEDA USAR TU PODER PARA MI BIEN
Y PARA EL BIEN DE TODOS

Luego busca la lista de tus deseos (la lista que recopilaste durante la luna nueva) y vuelve a leerla en voz alta para que se cargue con el poder de la luna llena, agradece y termina diciendo "Así sea". Quédate en silencio unos minutos y termina apagando la vela.

Si tienes cristales es un buen momento para sacarlos y dejar que la luz de la luna los cargue con su energía. Deja tus cristales toda la noche bajo la luz de la luna y retíralos antes que salga el sol.

FEBRERO

13 | JUEVES

Actua

Convéncete que hay un poder dentro de ti y puedes alcanzarlo. El poder mismo se manifiesta.

14 | VIERNES

Crea

FEBRERO

15 | SABADO

Hay una fuerza motriz más poderosa de la electricidad y la energía atómica:
la fuerza de voluntad.

(Albert Einstein)

16 | DOMINGO

FEBRERO

17 | LUNES

_____
_____
_____
_____
_____
_____
_____
_____
_____
_____

¿Sientes como la energía empieza a bajar?
Son los últimos días para dar un empujón a nuestros objetivos y agradecer los
avances que hemos tenido desde la luna llena.

18 | MARTES

_____
_____
_____
_____
_____
_____

Observaciones personales

Utiliza este espacio para anotar cómo te sientes.
Recuerda que somos cíclicas; anotar tus emociones
te ayuda a reconocer el ciclo en el que estás
pasando, a vivir en armonía.
Todo pasa, Todo cambia.

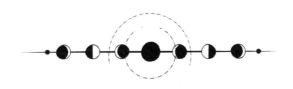

FEBRERO

19 | MIÉRCOLES

....
....
....
....
....
....
....
....
....

La soledad es una maravillosa oportunidad de la vida para compartir contigo mismo y ganar tu verdadera esencia.

- Ser en el ensueño, Florinda Donner -

20 | JUEVES

Cuarto menguante

....
....
....
....
....
....

Medita

....
....

FASE LUNAR
Fase Lútea
Desde el día 18 hasta el final del ciclo

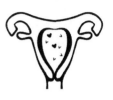

- El folículo vacío que ha quedado en el ovario tras la ovulación da lugar al cuerpo lúteo
- El cuerpo se prepara para un eventual embarazo
- Alta producción de **progesterona** que hace que el endometrio aumente de espesor; si no se produce el embarazo, la progesterona empieza a bajar y el endometrio empieza a "morir"
- Tratamos de no gastar energía
- Queremos dormir más
- Nos volvemos más sensibles
- Empieza una fase de reflexión
- Habla la intuición

Cuarto menguante - Luna negra

- Es una fase para sanar y avanzar en nuestro proceso de crecimiento personal
- Es la fase ideal para indagar en nuestras necesidades, nuestros miedos
- Es el momento de limpiar, hacer orden y tirar lo que ya no sirve
- En esta fase nos conectamos con la magia interior, con nuestros poderes

Otoño

La hechicera arquetípicamente mira hacia dentro y deja atrás lo que ya no sirve. Se vincula al misterio y al interior.

En el jardín

- La savia empieza a descender hacia las raíces
- Ideal para sembrar hortalizas de raíz
- Trasplantar, abonar, cortar hojas secas

FEBRERO

21 | VIERNES

Cierra

Nada es permanente en este mundo,
ni siquiera nuestros problemas.

-Buda-

22 | SÁBADO

Deja ir

FEBRERO

23 | DOMINGO

¡Tal vez hoy te sientas cansada con ganas de mandar todo a la mierda? Tranquila... no es el momento de tomar decisiones. Estamos en luna menguante, nuestra fuerza disminuye, respira profundo. Busca tu aliado de poder, tu recordatorio mágico, eres tú en tu mejor versión. Respira la energía que te transmite y ten la certeza que todo cambiará en unos pocos días, con la luna nueva.

24 | LUNES

FEBRERO

25 | MARTES

No controlamos nada y no debemos aferrarnos a nada porque, en la progresión circular de las cosas, el fin de una cosa es siempre el comienzo de otra.

(Sulle Ali dell' Intento, Taisha Abelar)

26 | MIÉRCOLES

Luna negra

Sueta

Ritual de luna negra

H oy la luna se oculta, pierde completamente su iluminación, por lo que "desaparece" dejando una noche en total oscuridad. ¡No te cargues de actividades! Es un momento de mucha introspección. Esta oscuridad nos invita a enfrentar los conflictos internos y traerlos a la luz . Todo puede suceder el día de hoy, no te apures.

Hoy es un buen día para regalarte un buen masaje a tus pies, piernas y manos, para sacar cualquier residuo de energía que ya no sirve. Mañana empieza un nuevo ciclo, hay que despertarse más liviana, con nuevas energías.

En la noche de luna negra escribe en un papel todo aquello que deseas soltar, dejar ir (personas, cosas, pensamientos, emociones).
Sé valiente y recuerda que te mereces todo lo bueno.

Prende una vela o una fogata y quema tu lista con el fuego con la intención de dejar ir definitivamente. Este acto de poder permite la liberación y la transformación y abre espacios para nuevas ideas, pensamientos y nuevas oportunidades. Quédate algunos minutos en silencio, siente la oscuridad, siente la magia que hay en ti, pídele ayuda y protección.

¡Confía!

27 | FEBRERO | 2025

JUEVES | *Luna nueva*

Respira

Cuando quieres comprender algo haz silencio.

(Osho)

---

28 | VIERNES

Medita

Sigue el ritual de luna nueva en la próxima página

FASE LUNAR
La Menstruación
Día 1, día de sangrado

Que nos pasa
a nivel físico:

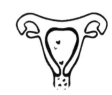

- La superficie del endometrio se rompe y se convierte en fluido rojo que contiene sangre, pero también células madres, vitaminas, proteínas, sales minerales, cobre, magnesio y potasio.
- El cuello del útero está ligeramente abierto para dejar pasar la sangre
- Estamos inundadas de oxitocina
- Es el fin de un ciclo e inicio de otro
- El cuerpo nos pide descansar
- La espiritualidad sustituye a la sexualidad

Luna nueva – Cuarto creciente

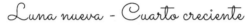

Que nos pasa
a nivel
emocional

- Es la fase oscura por excelencia
- Es el momento de quietud y meditación
- Es la fase del silencio y la introspección
- Debemos tomarnos el tiempo de menstruar y así recargar energía para el ciclo que va a empezar
- Habla la intuición y el instinto
- Cómo se derrama la sangre así debemos dejar ir lo que ya no sirve
- Conectar con tu yo más íntimo

Invierno

La bruja arquetípicamente representa la sabiduría, la interiorización, la magia, la quietud y la renovación.

En el jardín

- La savia se concentra en las raíces
- Eliminar hojas marchitas y deshierbar
- Usa tu sangre menstrual para abonar tus plantas
- Es tiempo de podar
- Cosechar plantas de raíz (zanahoria, rábanos)

Ritual de luna nueva

Haz una lista de lo que quieres lograr en este ciclo lunar.
Tienes 28 días para visualizarlo y crearlo.

En las noche de luna nueva crea tu altar, prendes una vela y entregas tus intenciones, tus sueños, tus afirmaciones. Detente por un momento en silencio, medita, agradece, bendice tu altar y ten la certeza que todo lo que quieres desde el corazón ya está para ti.

"Hay que ser práctica en pedir deseos"

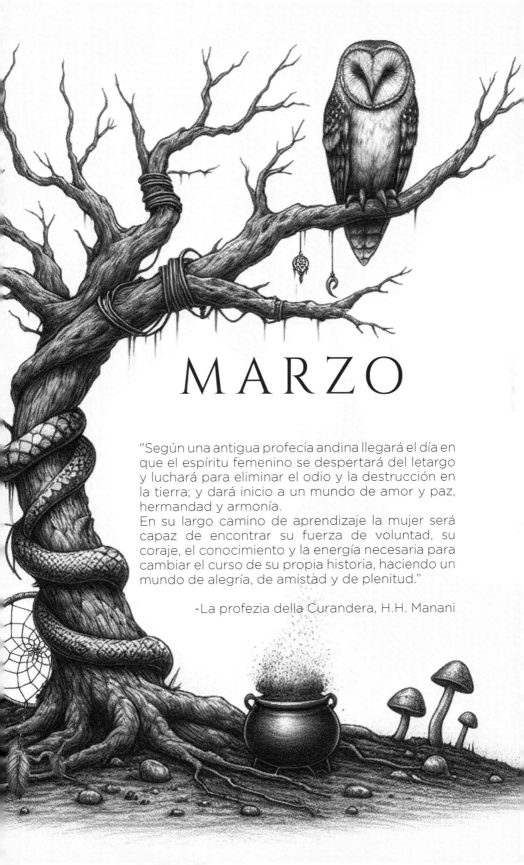

MARZO

"Según una antigua profecía andina llegará el día en que el espíritu femenino se despertará del letargo y luchará para eliminar el odio y la destrucción en la tierra; y dará inicio a un mundo de amor y paz, hermandad y armonía.
En su largo camino de aprendizaje la mujer será capaz de encontrar su fuerza de voluntad, su coraje, el conocimiento y la energía necesaria para cambiar el curso de su propia historia, haciendo un mundo de alegría, de amistad y de plenitud."

-La profezia della Curandera, H.H. Manani

Marzo 2025

Sábado	Domingo	Lunes	Martes	Miércoles	Jueves	Viernes
1	2	1	3	4	5	6 — Cuarto creciente
7	8	9	10	11	12	13
14 — Luna llena	15	16	17	18	19	20
21	22 — Cuarto menguante	23	24	25	26	27
28 — Luna negra	29 — Luna nueva	30	31			

MIS FINANZAS

Reto de marzo

FECHA	CONCEPTO	ENTRADA	SALIDA

"Si quieres ser rico, no aprendas solamente como se gana el dinero, sino también cómo se invierte"

(Benjamin Franklin)

MARZO

01 | SÁBADO

Escucha

Nunca desacredites tu intuición, nunca dudes del poder de captar las vibraciones ante una persona o una situación.

---

02 | DOMINGO

MARZO

03 | LUNES

La magia es el uso de la voluntad para efectuar algunos cambios deseados. Por lo tanto, cualquier ser humano con amplitud mental, que posea la habilidad para enfocar y concentrar su voluntad, es capaz de trabajar la magia con éxito.

(Ser en el ensueño, Florinda Donner)

04 | MARTES

MARZO

05 | MIÉRCOLES

Una sonrisa tiene el poder de transmitir alegría, felicidad y buena vibra...
A sonreír porque es nuestra arma de poder.

06 | JUEVES

Cuarto creciente

Planea

FASE LUNAR
Fase Folicular
Desde el dia 7 hasta el dia 12/13 del ciclo

Que nos pasa
a nivel físico:

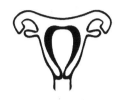

- La glándula pituitaria manda una señal para que el cuerpo empiece a producir hormonas: **estrógeno**, **testosterona**, la **hormona FSH (folículo estimulante)** y la **hormona luteinizante** para la formación y liberación de óvulos maduros y para preparar el endometrio para un eventual embarazo
- Es la fase donde se produce el desarrollo de folículos ováricos
- Aumenta la **serotonina** de día y la **melatonina** de noche
- Aumenta la energía física, una energía comparable a la primavera nos invade

Cuarto cresiente- Luna llena

Que nos pasa
a nivel
emocional

Primavera

- Es una fase de preparación para el inicio de algo nuevo, nos preparamos para crear
- Sensación de fuerza que llena el cuerpo
- Fase de potencialidad y vitalidad mental
- Es el momento de iniciar cosas, poner en marcha un proyecto, planear
- Buen momento para tomar decisiones, la serotonina nos da lucidez, pensamientos claros
- Necesitamos dormir menos y tenemos más ganas de socializar
- Sube la autoestima y nos vemos más lindas
- Sube el deseo sexual

La virgen arquetípicamente representa resolución y control

En el jardín

- La savia empieza a movilizarse hacia arriba
- Ideal para sembrar hortaliza de hoja y todas plantas que crecen en altura

MARZO

07 | VIERNES

Imagina

La visualización es magia, real y natural que conecta el universo con la tierra, lo espiritual con el ser físico.

(El poder infinito del Yo Soy, Neville Goddard)

08 | SÁBADO

Visualiza

MARZO

09 | DOMINGO

La vida es demasiado corta, por eso hay que disfrutar cada momento que se presente, aunque a los demás les moleste.

10 | LUNES

MARZO

11 | MARTES

_____
_____
_____
_____
_____
_____
_____
_____
_____
_____

Tú tienes la última palabra de cómo sentirte. ¡Tú decides! Ve al inicio de esta agenda y busca tu RECORDATORIO MÁGICO. ¡Míralo! Respira toda la energía que él trasmite. Eres tu en tu mejor versión; cárgate de esta energía y actúa ya casi llegamos a la luna llena. Que nada ni nadie te distraiga de tu objetivo

12 | MIÉRCOLES

_____
_____
_____
_____
_____
_____
_____
_____

Observaciones personales

Utiliza este espacio para anotar cómo te sientes.
Recuerda que somos cíclicas; anotar tus emociones te
ayuda a reconocer el ciclo en el que estás pasando, a vivir
en armonía.
Todo pasa, Todo cambia.

....
....
....
....
....
....
....
....
....
....
....
....
....
....
....
....
....
....

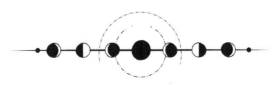

MARZO

13 | JUEVES

¡Explosión de vida! ¿Esta luna llena te tiene triste o irritable? Recuerda que estamos sobrecargadas de energía que si no está canalizada se convierte en nerviosismo. Canalízala y apúntala hacia tus sueños

14 | VIERNES

Luna llena

Agradece

Sigue el ritual de luna llena en la próxima página

FASE LUNAR
La Ovulación
Desde el día 13 hasta el día 17/18 del ciclo

Que nos pasa
a nivel físico:

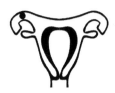

- El folículo dominante libera el óvulo
- Se produce progesterona y la hormona luteinizante alcanza su máximo nivel
- La ovulación ha inicio
- La subida de nivel de las feromona nos hace sentir más atractivas, más lindas, seductoras, empáticas
- Tenemos muchísima energía

Luna llena - Cuarto menguante

Que nos pasa
a nivel
emocional

- Es el momento de nutrir y ejecutar nuestro proyecto
- Es el momento de crear
- Tenemos más ganas de salir, estar en compañía
- Nos invade una oleada de energía creadora que si no está bien canalizada se convierte en nerviosismo e histeria
- Podemos sentirnos distraídas y con muchos antojos
- Aumenta la libido

Verano

La madre arquetípicamente es armonía,
empatía, es protectora y asume responsabilidades

En el jardín

- La savia se concentra en tallo, hojas, ramas y flores
- Ideal para cosechar hortalizas de hojas
- Podar si queremos que crezca más fuerte y más follaje
- Trasplantar si queremos que las hojas se desarrollen más rápidamente

Luna llena

La luna llena es la matrona, la madre, la emperatriz del tarot, la diosa creadora de sus propios caminos; es fuente de vida y nacimiento.

Hoy la luna alcanza su máximo esplendor, está bellísima y nosotras igual, nuestra energía está al máximo. Estamos ovulando, estamos creando. La fertilidad es crear, la fertilidad es mujer. Crear un libro, una canción, un proyecto, poemas, escultura, un cuadro, hacer negocios, construir un hogar ...hasta tenemos el poder de crear una vida humana.

CREAR ES UNA DE NUESTRAS HABILIDADES COMO MUJERES

En la luna llena es un tiempo donde las mujeres experimentan una oleada de energía, que si no está canalizada se convierte en nerviosismo. Canalizada y dirigida, esta energía de la luna inicia acciones que hacen que los deseos y sueños ocurran, interconecta mujeres en todo el mundo y mueve las ideas iniciales de luna nueva hacia realidades manifiestas. Las mujeres alcanzan el tope de su voluntad y de su ser creativo y se convierten en diosas atrayendo la luna .

Apunta tu energía hacia tus sueños

Ritual de luna llena

¡HOY HAY QUE CELEBRAR!

Prende una vela, un fuego, canta, baila, ríete, embriágate de felicidad, celebra sola o con más mujeres. Tómate un momento para observar la luna y repite en voz alta.

VEN A MI Y LLENAME CON TU LUZ
ENTRA EN MI BRILLANDO CON TU PLENITUD
QUE PUEDA USAR TU PODER PARA MI BIEN
Y PARA EL BIEN DE TODOS

Luego busca la lista de tus deseos (la lista que recopilaste durante la luna nueva) y vuelve a leerla en voz alta para que se cargue con el poder de la luna llena, agradece y termina diciendo "Así sea". Quédate en silencio unos minutos y termina apagando la vela.

Si tienes cristales es un buen momento para sacarlos y dejar que la luz de la luna los cargue con su energía. Deja tus cristales toda la noche bajo la luz de la luna y retíralos antes que salga el sol.

MARZO

15 | SÁBADO

Actua

Un aprendizaje validado se pone a la acción de inmediato

(Estrella Veloz)

16 | DOMINGO

Crea

MARZO

....

....

....

....

....

....

....

....

El intento es la fuerza inmensurable e indescriptible que está presente en todo lo que existe en el universo.

(Don Juan Matus)

18 | MARTES

....

....

....

....

....

....

....

....

....

....

....

19 | MIÉRCOLES

¿Sientes como la energía empieza a bajar?
Son los últimos días para dar un empujón a nuestros objetivos y agradecer los
avances que hemos tenido desde la luna llena.

20 | JUEVES

Observaciones personales

Utiliza este espacio para anotar cómo te sientes.
Recuerda que somos cíclicas; anotar tus emociones te
ayuda a reconocer el ciclo en el que estás pasando, a vivir
en armonía.
Todo pasa, Todo cambia.

MARZO

21 | VIERNES

La verdadera revolución empieza en el corazón. Sin duda solo un amor infinito hacia nosotros mismo nos llevará a conocer lo mejor de nosotros.

(Ruben Oscar Guglielmo)

22 | SÁBADO

Cuarto menguante

Medita

FASE LUNAR
Fase Lútea
Desde el día 18 hasta el final del ciclo

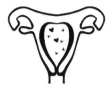

Que nos pasa
a nivel físico:

- El folículo vacío que ha quedado en el ovario tras la ovulación da lugar al cuerpo lúteo
- El cuerpo se prepara para un eventual embarazo
- Alta producción de **progesterona** que hace que el endometrio aumente de espesor; si no se produce el embarazo, la progesterona empieza a bajar y el endometrio empieza a "morir"
- Tratamos de no gastar energía
- Queremos dormir más
- Nos volvemos más sensibles
- Empieza una fase de reflexión
- Habla la intuición

Cuarto menguante – Luna negra

Que nos pasa
a nivel
emocional

- Es una fase para sanar y avanzar en nuestro proceso de crecimiento personal
- Es la fase ideal para indagar en nuestras necesidades, nuestros miedos
- Es el momento de limpiar, hacer orden y tirar lo que ya no sirve
- En esta fase nos conectamos con la magia interior, con nuestros poderes

Otoño

La hechicera arquetípicamente mira hacia dentro y deja atrás
lo que ya no sirve. Se vincula al misterio y al interior.

En el jardín

- La savia empieza a descender hacia las raíces
- Ideal para sembrar hortalizas de raíz
- Trasplantar, abonar, cortar hojas secas

MARZO

23 | DOMINGO

Cierra

Todo es temporal: emociones, pensamientos, gente y paisajes.
No te apures, simplemente fluye con él.

(Buda)

24 | LUNES

Deja ir

MARZO

25 | MARTES

_____

_____

_____

_____

_____

_____

_____

_____

_____

¡No te desesperes! Muchas situaciones y cosas se van perdiendo. Hay días que sentimos que lo hemos perdido todo, recuerda que estamos en luna menguante y nuestra fuerza disminuye. Descansa, agradece, pronto la luz de la luna volverá a darte la fuerza.

26 | MIÉRCOLES

_____

_____

_____

_____

_____

_____

_____

_____

_____

MARZO

27 | JUEVES

El simple hecho de avanzar hacia algo implica que estás diciendo adiós a lo que dejas atrás. Si no das las gracias por lo que ha sido y en cambio continúas aferrándote a lo que pasó, ¿cómo tendrás la energía para aceptar el maravilloso presente?

(Donde cruzan los Brujos, Taisha Abelar)

28 | VIERNES

Luna negra

Sueta

Ritual de luna negra

Hoy la luna se oculta, pierde completamente su iluminación, por lo que "desaparece" dejando una noche en total oscuridad. ¡No te cargues de actividades! Es un momento de mucha introspección. Esta oscuridad nos invita a enfrentar los conflictos internos y traerlos a la luz . Todo puede suceder el día de hoy, no te apures.

Hoy es un buen día para regalarte un buen masaje a tus pies, piernas y manos, para sacar cualquier residuo de energía que ya no sirve. Mañana empieza un nuevo ciclo, hay que despertarse más liviana, con nuevas energías.

En la noche de luna negra escribe en un papel todo aquello que deseas soltar, dejar ir (personas, cosas, pensamientos, emociones).
Sé valiente y recuerda que te mereces todo lo bueno.

Prende una vela o una fogata y quema tu lista con el fuego con la intención de dejar ir definitivamente. Este acto de poder permite la liberación y la transformación y abre espacios para nuevas ideas, pensamientos y nuevas oportunidades. Quédate algunos minutos en silencio, siente la oscuridad, siente la magia que hay en ti, pídele ayuda y protección.

¡Confía!

29 | MARZO

SÁBADO | *Luna nueva*

Respira

El camino a todas las cosas grandes pasa por el silencio

Friedrich Nietzsche

---

30 | DOMINGO

Medita

Sigue el ritual de luna nueva en la próxima página

FASE LUNAR
La Menstruación
Día 1, día de sangrado

Que nos pasa
a nivel físico:

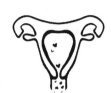

- La superficie del endometrio se rompe y se convierte en fluido rojo que contiene sangre, pero también células madres, vitaminas, proteínas, sales minerales, cobre, magnesio y potasio.
- El cuello del útero está ligeramente abierto para dejar pasar la sangre
- Estamos inundadas de oxitocina
- Es el fin de un ciclo e inicio de otro
- El cuerpo nos pide descansar
- La espiritualidad sustituye a la sexualidad

Luna nueva - Cuarto creciente

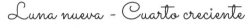

Que nos pasa
a nivel
emocional

- Es la fase oscura por excelencia
- Es el momento de quietud y meditación
- Es la fase del silencio y la introspección
- Debemos tomarnos el tiempo de menstruar y así recargar energía para el ciclo que va a empezar
- Habla la intuición y el instinto
- Cómo se derrama la sangre así debemos dejar ir lo que ya no sirve
- Conectar con tu yo más íntimo

Invierno

La bruja arquetípicamente representa la sabiduría, la interiorización, la magia, la quietud y la renovación.

En el jardín

- La savia se concentra en las raíces
- Eliminar hojas marchitas y deshierbar
- Usa tu sangre menstrual para abonar tus plantas
- Es tiempo de podar
- Cosechar plantas de raíz (zanahoria, rábanos)

Ritual de luna nueva

Haz una lista de lo que quieres lograr en este ciclo lunar.
Tienes 28 días para visualizarlo y crearlo.

En las noche de luna nueva crea tu altar, prendes una vela y entregas tus intenciones, tus sueños, tus afirmaciones. Detente por un momento en silencio, medita, agradece, bendice tu altar y ten la certeza que todo lo que quieres desde el corazón ya está para ti.

"Hay que ser práctica en pedir deseos"

Escucha

Somos estrellas cubiertas de piel.
La luz que tú buscas ya está dentro de ti.

(Rumi)

Observaciones personales

Utiliza este espacio para anotar cómo te sientes.
Recuerda que somos cíclicas; anotar tus emociones
te ayuda a reconocer el ciclo en el que estás
pasando, a vivir en armonía.
Todo pasa, Todo cambia.

ABRIL

¡A ti, mujer luchadora! -Jorge Acuña -

Mujer trabajadora, rebelde y soñadora
Llena de defectos y grandes virtudes
Llena de amor y comprensión
Llena de coherencia y firme convicción
De un profundo compromiso con la revolución
Mujer que luchas a diario,
Que no concibes la realidad como la vives
Que estas inconforme con la injusticia
Y buscas para los tuyos futuro de vida digna
Mujer que con tu sonrisa y tu firmeza
Construyes caminos de equidad
Caminos de igualdad
Caminos de justicia
Y caminos de paz
A ti mujer valerosa y consciente
Mujer que con caricias y palabras fuertes
Logras que el mundo se despierte
Que la naturaleza sea diferente
Y que muchos nos animemos a ser disidentes
Gracias mujer por ser consecuente
Por pelear por lo que crees coherente
Por luchar por lo que amas así a la gente le cueste
Por entregarte a la transformación de
un sistema diferente
Y no desfallecer ante tanta amenaza
en este mundo inconsciente.

Abril 2025

Sábado	Domingo	Lunes	Martes	Miércoles	Jueves	Viernes
			1	2	3	4 ◑ Cuarto creciente
5	6	7	8	9	10	11
12 ○ Luna llena	13	14	15	16	17	18
19	20 ◐ Cuarto menguante	21	22	23	24	25
26 ● Luna negra	27 ● Luna nueva	28	29	30		

MIS FINANZAS

Reto de abril

FECHA	CONCEPTO	ENTRADA	SALIDA

"No es tu culpa si naciste pobre, pero es tu responsabilidad si mueres así"

(Bill Gates)

01 | MARTES

La brujería es la capacidad que desarrollan algunas personas para ampliar los límites de la percepción normal.

(Don Juan Matus)

02 | MIERCOLES

Observaciones personales

Utiliza este espacio para anotar cómo te sientes.
Recuerda que somos cíclicas; anotar tus emociones te
ayuda a reconocer el ciclo en el que estás pasando, a vivir
en armonía.
Todo pasa, Todo cambia.

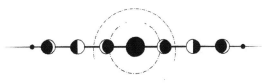

03 | JUEVES

"El tiro es la simpleza"; nada de complicarse la vida. La vida se organiza simple y clara, no hacer ningún plan que pueda entorpecer esta mágica felicidad personal. Lo natural es ser tu misma, por eso cuando pasas por allí te sientes bien.

04 | VIERNES

Cuarto creciente

Planea

FASE LUNAR
Fase Folicular
Desde el dia 7 hasta el dia 12/13 del ciclo

Que nos pasa a nivel físico:

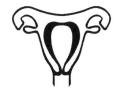

- La glándula pituitaria manda una señal para que el cuerpo empiece a producir hormonas: **estrógeno, testosterona,** la **hormona FSH (folículo estimulante)** y la **hormona luteinizante** para la formación y liberación de óvulos maduros y para preparar el endometrio para un eventual embarazo
- Es la fase donde se produce el desarrollo de folículos ováricos
- Aumenta la **serotonina** de día y la **melatonina** de noche
- Aumenta la energía física, una energía comparable a la primavera nos invade

Cuarto cresiente- Luna llena

Que nos pasa a nivel emocional

Primavera

- Es una fase de preparación para el inicio de algo nuevo, nos preparamos para crear
- Sensación de fuerza que llena el cuerpo
- Fase de potencialidad y vitalidad mental
- Es el momento de iniciar cosas, poner en marcha un proyecto, planear
- Buen momento para tomar decisiones, la serotonina nos da lucidez, pensamientos claros
- Necesitamos dormir menos y tenemos más ganas de socializar
- Sube la autoestima y nos vemos más lindas
- Sube el deseo sexual

La virgen arquetípicamente representa resolución y control

En el jardín

- La savia empieza a movilizarse hacia arriba
- Ideal para sembrar hortaliza de hoja y todas plantas que crecen en altura

ABRIL

05 | SÁBADO

Imagina

La visualización creativa es usada para conectar los cuerpos (físico, emocional e intelectual) de las mujeres con su ser de diosa espiritual y creadora.

(El poder espiritual de la mujer, Diane Stein)

06 | DOMINGO

Visualiza

ABRIL

07 | LUNES

La felicidad es una decisión

08 | MARTES

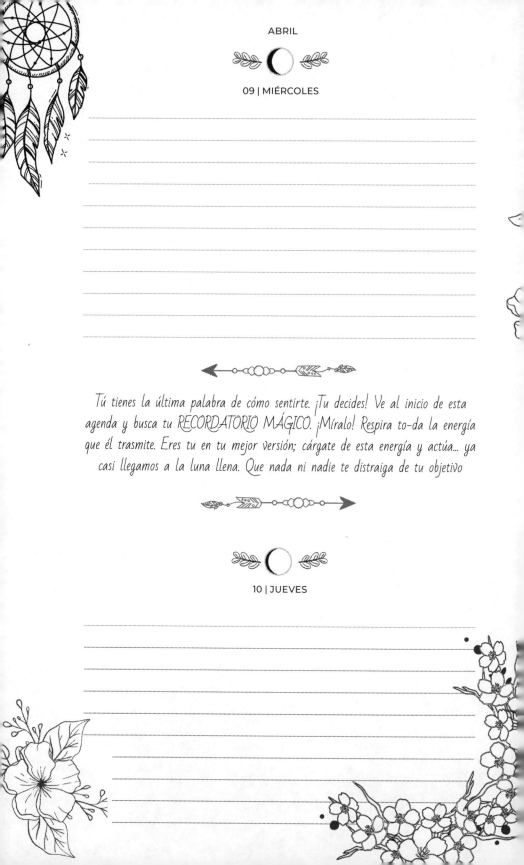

ABRIL

09 | MIÉRCOLES

Tú tienes la última palabra de cómo sentirte. ¡Tu decides! Ve al inicio de esta agenda y busca tu RECORDATORIO MÁGICO. ¡Míralo! Respira to-da la energía que él trasmite. Eres tu en tu mejor versión; cárgate de esta energía y actúa... ya casi llegamos a la luna llena. Que nada ni nadie te distraiga de tu objetivo

10 | JUEVES

Observaciones personales

Utiliza este espacio para anotar cómo te sientes.
Recuerda que somos cíclicas; anotar tus emociones te
ayuda a reconocer el ciclo en el que estás pasando, a vivir
en armonía.
Todo pasa, Todo cambia.

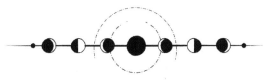

ABRIL

◯

11 | VIERNES

_____
_____
_____
_____
_____
_____
_____
_____
_____
_____

La fertilidad es abundancia. Cada vez que tienes nuevas ideas, nuevos proyectos y actúas para hacerlos realidad te conectas con la energía de la abundancia.

(Sabiduría y Poder del ciclo femenino, M.P.Peres y S.M.LeBlanc)

◯

12 | SÁBADO

Luna llena

_____
_____
_____
_____
Agradece
_____
_____
_____

Sigue el ritual de luna llena en la próxima página

FASE LUNAR
La Ovulación
Desde el día 13 hasta el día 17/18 del ciclo

Que nos pasa
a nivel físico:

- El folículo dominante libera el óvulo
- Se produce progesterona y la hormona luteinizante alcanza su máximo nivel
- La ovulación ha inicio
- La subida de nivel de las feromona nos hace sentir más atractivas, más lindas, seductoras, empáticas
- Tenemos muchísima energía

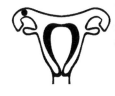

Luna llena - Cuarto menguante

Que nos pasa
a nivel
emocional

- Es el momento de nutrir y ejecutar nuestro proyecto
- Es el momento de crear
- Tenemos más ganas de salir, estar en compañía
- Nos invade una oleada de energía creadora que si no está bien canalizada se convierte en nerviosismo e histeria
- Podemos sentirnos distraídas y con muchos antojos
- Aumenta la libido

Verano

La madre arquetípicamente es armonía,
empatía, es protectora y asume responsabilidades

En el jardín

- La savia se concentra en tallo, hojas, ramas y flores
- Ideal para cosechar hortalizas de hojas
- Podar si queremos que crezca más fuerte y más folliaje
- Trasplantar si queremos que las hojas se desarrollen más rápidamente

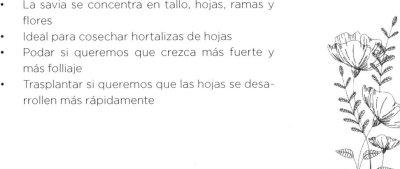

Luna llena

La luna llena es la matrona, la madre, la emperatriz del tarot, la diosa creadora de sus propios caminos; es fuente de vida y nacimiento.

Hoy la luna alcanza su máximo esplendor, está bellísima y nosotras igual, nuestra energía está al máximo. Estamos ovulando, estamos creando. La fertilidad es crear, la fertilidad es mujer. Crear un libro, una canción, un proyecto, poemas, escultura, un cuadro, hacer negocios, construir un hogar ...hasta tenemos el poder de crear una vida humana.

CREAR ES UNA DE NUESTRAS HABILIDADES COMO MUJERES

En la luna llena es un tiempo donde las mujeres experimentan una oleada de energía, que si no está canalizada se convierte en nerviosismo. Canalizada y dirigida, esta energía de la luna inicia acciones que hacen que los deseos y sueños ocurran, interconecta mujeres en todo el mundo y mueve las ideas iniciales de luna nueva hacia realidades manifiestas. Las mujeres alcanzan el tope de su voluntad y de su ser creativo y se convierten en diosas atrayendo la luna .

Apunta tu energía hacia tus sueños

Ritual de luna llena

¡HOY HAY QUE CELEBRAR!

Prende una vela, un fuego, canta, baila, ríete, embriágate de felicidad, celebra sola o con más mujeres. Tómate un momento para observar la luna y repite en voz alta.

VEN A MI Y LLENAME CON TU LUZ
ENTRA EN MI BRILLANDO CON TU PLENITUD
QUE PUEDA USAR TU PODER PARA MI BIEN
Y PARA EL BIEN DE TODOS

Luego busca la lista de tus deseos (la lista que recopilaste durante la luna nueva) y vuelve a leerla en voz alta para que se cargue con el poder de la luna llena, agradece y termina diciendo "Así sea". Quédate en silencio unos minutos y termina apagando la vela.

Si tienes cristales es un buen momento para sacarlos y dejar que la luz de la luna los cargue con su energía. Deja tus cristales toda la noche bajo la luz de la luna y retíralos antes que salga el sol.

ABRIL

13 | DOMINGO

Actua

El pensamiento es creador: no es ni bueno ni malo,
simplemente es creador. Cuida tus pensamientos

(Neville Goddard)

14 | LUNES

Crea

ABRIL

15 | MARTES

Todo cuanto existe en el cosmos está enlazado, ligado a la fuerza del intento por un vínculo de conexión. La gran falla colectiva es vivir nuestras vidas sin tomar en cuenta esa conexión.

(Don Juan Matus)

16 | MIÉRCOLES

17 | JUEVES

¿Sientes como la energía empieza a bajar? Son los últimos días para
dar un empujón a nuestros objetivos y agradecer los
avances que hemos tenido desde la luna llena.

18 | VIERNES

Observaciones personales

Utiliza este espacio para anotar cómo te sientes.
Recuerda que somos cíclicas; anotar tus emociones te
ayuda a reconocer el ciclo en el que estás pasando, a vivir
en armonía.
Todo pasa, Todo cambia.

19 | SÁBADO

C Todo lo que nos sucede es una oportunidad para mejorar nuestra vida. Los accidentes son la matemática perfecta del universo y del espacio

(Abuela Margarita)

20 | DOMINGO

Cuarto menguante

Medita

FASE LUNAR
Fase Lútea
Desde el día 18 hasta el final del ciclo

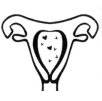

Que nos pasa
a nivel físico:

- El folículo vacío que ha quedado en el ovario tras la ovulación da lugar al cuerpo lúteo
- El cuerpo se prepara para un eventual embarazo
- Alta producción de **progesterona** que hace que el endometrio aumente de espesor; si no se produce el embarazo, la progesterona empieza a bajar y el endometrio empieza a "morir"
- Tratamos de no gastar energía
- Queremos dormir más
- Nos volvemos más sensibles
- Empieza una fase de reflexión
- Habla la intuición

Cuarto menguante - Luna negra

Que nos pasa
a nivel
emocional

- Es una fase para sanar y avanzar en nuestro proceso de crecimiento personal
- Es la fase ideal para indagar en nuestras necesidades, nuestros miedos
- Es el momento de limpiar, hacer orden y tirar lo que ya no sirve
- En esta fase nos conectamos con la magia interior, con nuestros poderes

Otoño

La hechicera arquetípicamente mira hacia dentro y deja atrás lo que ya no sirve. Se vincula al misterio y al interior.

En el jardín

- La savia empieza a descender hacia las raíces
- Ideal para sembrar hortalizas de raíz
- Trasplantar, abonar, cortar hojas secas

ABRIL

21 | LUNES

Cierra

Te sorprenderá ver cómo las cosas se ponen mágicamente en su lugar
una vez que sueltas la ilusión de querer controlarlo todo.

---

22 | MARTES

Deja ir

ABRIL

23 | MIÉRCOLES

Todo tiene una forma, pero además de la forma exterior existe una conciencia interior que rige las cosas. Esta conciencia silenciosa es el espíritu. Es una fuerza que abarca todo y que se manifiesta de diferente manera en diferentes cosas. Esta energía se comunica con nosotros.

(Donde cruzan los Brujos, Taisha Abelar)

24 | JUEVES

ABRIL

25 | VIERNES

....

....

....

....

....

....

....

....

¡No te desesperes! En estos días podrás sentirte cansada, sin fuerzas... solo déjalo ir. Recuerda que cuando estamos en luna menguante nuestra fuerza disminuye. Evita tomar decisiones, espera el cambio de la luna.

26 | SÁBADO

Luna negra

....

....

....

Sueta

....

....

....

....

....

Ritual de luna negra

Hoy la luna se oculta, pierde completamente su iluminación, por lo que "desaparece" dejando una noche en total oscuridad. ¡No te cargues de actividades! Es un momento de mucha introspección. Esta oscuridad nos invita a enfrentar los conflictos internos y traerlos a la luz . Todo puede suceder el día de hoy, no te apures.

Hoy es un buen día para regalarte un buen masaje a tus pies, piernas y manos, para sacar cualquier residuo de energía que ya no sirve. Mañana empieza un nuevo ciclo, hay que despertarse más liviana, con nuevas energías.

En la noche de luna negra escribe en un papel todo aquello que deseas soltar, dejar ir (personas, cosas, pensamientos, emociones).
Sé valiente y recuerda que te mereces todo lo bueno.

Prende una vela o una fogata y quema tu lista con el fuego con la intención de dejar ir definitivamente. Este acto de poder permite la liberación y la transformación y abre espacios para nuevas ideas, pensamientos y nuevas oportunidades. Quédate algunos minutos en silencio, siente la oscuridad, siente la magia que hay en ti, pídele ayuda y protección.

¡Confía!

27 | DOMINGO

Luna nueva

Respira

> Dentro de ti hay una quietud y un santuario al cual puedes
> acceder en cualquier momento y ser tu mismo.
>
> (Buda)

28 | LUNES

Medita

Sigue el ritual de luna nueva en la próxima página

FASE LUNAR
La Menstruación
Día 1, día de sangrado

Que nos pasa
a nivel físico:

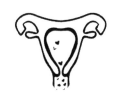

- La superficie del endometrio se rompe y se convierte en fluido rojo que contiene sangre, pero también células madres, vitaminas, proteínas, sales minerales, cobre, magnesio y potasio.
- El cuello del útero está ligeramente abierto para dejar pasar la sangre
- Estamos inundadas de oxitocina
- Es el fin de un ciclo e inicio de otro
- El cuerpo nos pide descansar
- La espiritualidad sustituye a la sexualidad

Luna nueva - Cuarto creciente

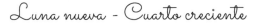

Que nos pasa
a nivel
emocional

- Es la fase oscura por excelencia
- Es el momento de quietud y meditación
- Es la fase del silencio y la introspección
- Debemos tomarnos el tiempo de menstruar y así recargar energía para el ciclo que va a empezar
- Habla la intuición y el instinto
- Cómo se derrama la sangre así debemos dejar ir lo que ya no sirve
- Conectar con tu yo más íntimo

Invierno

La bruja arquetípicamente representa la sabiduría, la interiorización, la magia, la quietud y la renovación.

En el jardín

- La savia se concentra en las raíces
- Eliminar hojas marchitas y deshierbar
- Usa tu sangre menstrual para abonar tus plantas
- Es tiempo de podar
- Cosechar plantas de raíz (zanahoria, rábanos)

Ritual de luna nueva

Haz una lista de lo que quieres lograr en este ciclo lunar.
Tienes 28 días para visualizarlo y crearlo.

En las noche de luna nueva crea tu altar, prendes una vela y entregas tus intenciones, tus sueños, tus afirmaciones. Detente por un momento en silencio, medita, agradece, bendice tu altar y ten la certeza que todo lo que quieres desde el corazón ya está para ti.

"Hay que ser práctica en pedir deseos"

ABRIL

29 | MARTES

Escucha

La intuición es la inteligencia del corazón, el conocimiento del alma.
Confía en ella.

30 | MIÉRCOLES

Observaciones personales

Utiliza este espacio para anotar cómo te sientes.
Recuerda que somos cíclicas; anotar tus emociones
te ayuda a reconocer el ciclo en el que estás
pasando, a vivir en armonía.
Todo pasa, Todo cambia.

....
....
....
....
....
....
....
....
....
....
....
....
....
....
....
....
....
....

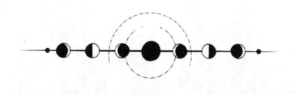

MAYO

"Voy caminando en la noche,
solamente la luna me guía
Voy caminando en la noche,
solamente la luna me guía

a cada paso me adentro en el bosque voy
convirtiéndome en mi sombra

busco en la tierra el origen
y en el agua la memoria
busco en la tierra el origen
y en el agua la memoria

busco en el aire la inspiración
y en el fuego mi corazón"

Compositor Manu Lagos

Mayo 2025

Sábado	Domingo	Lunes	Martes	Miércoles	Jueves	Viernes
			1	2	3	4 ◑ *Cuarto creciente*
5	6	7	8	9	10	11
12 ○ *Luna llena*	13	14	15	16	17	18
19	20 ◐ *Cuarto menguante*	21	22	23	24	25
26 ● *Luna negra*	27 ● *Luna nueva*	28	29	30		

MIS FINANZAS

Reto de mayo

FECHA	CONCEPTO	ENTRADA	SALIDA

"Activo es todo aquello que mete dinero a tu bolsillo.
Pasivo es todo aquello que saca dinero de tu bolsillo"

(Robert Kiyosaki)

MAYO

01 | JUEVES

La brujería es una búsqueda concreta y positiva por la cual cada uno de
nosotros puede lograr sentir la energía directamente

(Donde cruzan los Brujos,Taisha Abelar)

02 | VIERNES

Observaciones personales

Utiliza este espacio para anotar cómo te sientes.
Recuerda que somos cíclicas; anotar tus emociones te
ayuda a reconocer el ciclo en el que estás pasando, a vivir
en armonía.
Todo pasa, Todo cambia.

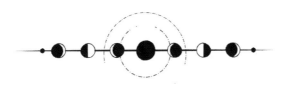

MAYO

03 | SÁBADO

La felicidad debe ser un asiento bien simple, cosa de poderlo disfrutar todos los días y a cada momento.

(Ruben Oscar Guglielmo)

04 | DOMINGO

Cuarto creciente

Planea

FASE LUNAR
Fase Folicular
Desde el dia 7 hasta el dia 12/13 del ciclo

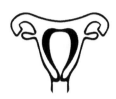

Que nos pasa a nivel físico:

- La glándula pituitaria manda una señal para que el cuerpo empiece a producir hormonas: **estrógeno**, **testosterona**, la **hormona FSH (folículo estimulante)** y la **hormona luteinizante** para la formación y liberación de óvulos maduros y para preparar el endometrio para un eventual embarazo
- Es la fase donde se produce el desarrollo de folículos ováricos
- Aumenta la **serotonina** de día y la **melatonina** de noche
- Aumenta la energía física, una energía comparable a la primavera nos invade

Cuarto cresiente- Luna llena

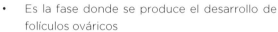

Que nos pasa a nivel emocional

- Es una fase de preparación para el inicio de algo nuevo, nos preparamos para crear
- Sensación de fuerza que llena el cuerpo
- Fase de potencialidad y vitalidad mental
- Es el momento de iniciar cosas, poner en marcha un proyecto, planear
- Buen momento para tomar decisiones, la serotonina nos da lucidez, pensamientos claros
- Necesitamos dormir menos y tenemos más ganas de socializar
- Sube la autoestima y nos vemos más lindas
- Sube el deseo sexual

Primavera

La virgen arquetípicamente representa resolución y control

En el jardín

- La savia empieza a movilizarse hacia arriba
- Ideal para sembrar hortaliza de hoja y todas plantas que crecen en altura

MAYO

05 | LUNES

Imagina

_____

La visualización es magia real. Es la raíz que inicia la realización de los deseos,
de todo cambio interior y crecimiento psíquico en los trabajos espirituales.

(El poder espiritual de la mujer, Diane Stein)

06 | MARTES

Visualiza

MAYO

07 | MIÉRCOLES

La voluntad es un poder dentro de nosotros; la voluntad es lo que puede darte el triunfo cuando tus pensamientos te dicen que estás derrotado.

(Don Juan Matus)

08 | JUEVES

MAYO

09 | VIERNES

Tú tienes la última palabra de cómo sentirte. ¡Tú decides! Ve al inicio de esta agenda y busca tu *RECORDATORIO MÁGICO*. ¡Míralo! Respira toda la energía que él trasmite. Eres tu en tu mejor versión; cárgate de esta energía y actúa ya casi llegamos a la luna llena. Que nada ni nadie te distraiga de tu objetivo

10 | SÁBADO

Observaciones personales

Utiliza este espacio para anotar cómo te sientes.
Recuerda que somos cíclicas; anotar tus emociones te
ayuda a reconocer el ciclo en el que estás pasando, a vivir
en armonía.
Todo pasa, Todo cambia.

MAYO

◯

11 | DOMINGO

....
....
....
....
....
....
....
....
....
....

Soy el poder dentro de mi
Soy el amor del sol y la tierra
Soy gran espíritu y soy eterna
Mi vida está llena de amor y alegría

(Abuela Margarita)

◯

12 | LUNES

Luna llena

....
....
....
....

Agradece

....
....
....

Sigue el ritual de luna llena en la próxima página

FASE LUNAR
La Ovulación
Desde el día 13 hasta el día 17/18 del ciclo

Que nos pasa
a nivel físico:

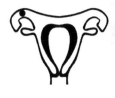

- El folículo dominante libera el óvulo
- Se produce progesterona y la hormona luteinizante alcanza su máximo nivel
- La ovulación ha inicio
- La subida de nivel de las feromona nos hace sentir más atractivas, más lindas, seductoras, empáticas
- Tenemos muchísima energía

Luna llena - Cuarto menguante

Que nos pasa
a nivel
emocional

Verano

- Es el momento de nutrir y ejecutar nuestro proyecto
- Es el momento de crear
- Tenemos más ganas de salir, estar en compañía
- Nos invade una oleada de energía creadora que si no está bien canalizada se convierte en nerviosismo e histeria
- Podemos sentirnos distraídas y con muchos antojos
- Aumenta la libido

La madre arquetípicamente es armonía,
empatía, es protectora y asume responsabilidades

En el jardín

- La savia se concentra en tallo, hojas, ramas y flores
- Ideal para cosechar hortalizas de hojas
- Podar si queremos que crezca más fuerte y más folliaje
- Trasplantar si queremos que las hojas se desarrollen más rápidamente

Luna llena

La luna llena es la matrona, la madre, la emperatriz del tarot, la diosa creadora de sus propios caminos; es fuente de vida y nacimiento.

Hoy la luna alcanza su máximo esplendor, está bellísima y nosotras igual, nuestra energía está al máximo. Estamos ovulando, estamos creando. La fertilidad es crear, la fertilidad es mujer. Crear un libro, una canción, un proyecto, poemas, escultura, un cuadro, hacer negocios, construir un hogar ...hasta tenemos el poder de crear una vida humana.

CREAR ES UNA DE NUESTRAS HABILIDADES COMO MUJERES

En la luna llena es un tiempo donde las mujeres experimentan una oleada de energía, que si no está canalizada se convierte en nerviosismo. Canalizada y dirigida, esta energía de la luna inicia acciones que hacen que los deseos y sueños ocurran, interconecta mujeres en todo el mundo y mueve las ideas iniciales de luna nueva hacia realidades manifiestas. Las mujeres alcanzan el tope de su voluntad y de su ser creativo y se convierten en diosas atrayendo la luna .

Apunta tu energía hacia tus sueños

Ritual de luna llena

¡HOY HAY QUE CELEBRAR!

Prende una vela, un fuego, canta, baila, ríete, embriágate de felicidad, celebra sola o con más mujeres. Tómate un momento para observar la luna y repite en voz alta.

VEN A MI Y LLENAME CON TU LUZ
ENTRA EN MI BRILLANDO CON TU PLENITUD
QUE PUEDA USAR TU PODER PARA MI BIEN
Y PARA EL BIEN DE TODOS

Luego busca la lista de tus deseos (la lista que recopilaste durante la luna nueva) y vuelve a leerla en voz alta para que se cargue con el poder de la luna llena, agradece y termina diciendo "Así sea". Quédate en silencio unos minutos y termina apagando la vela.

Si tienes cristales es un buen momento para sacarlos y dejar que la luz de la luna los cargue con su energía. Deja tus cristales toda la noche bajo la luz de la luna y retíralos antes que salga el sol.

MAYO

13 | MARTES

Actua

―》》》》❘●❘《《《《―

Tus palabras dicen lo que tienes en tu mente.
Tus acciones dicen lo que tienes en tu corazón.

(Buda)

―》》》》❘●❘《《《《―

14 | MIÉRCOLES

Crea

15 | JUEVES

> El intento es la fuerza que define cada cosa.
> El intento es el poder que mueve el universo.

(El Conocimiento silencioso, Carlos Castaneda)

16 | VIERNES

MAYO

17 | SÁBADO

....
....
....
....
....
....
....
....
....
....
....

¿Sientes como la energía empieza a bajar? Son los últimos días para dar un empujón a nuestros objetivos y agradecer los avances que hemos tenido desde la luna llena.

18 | DOMINGO

....
....
....
....
....
....
....
....

Observaciones personales

Utiliza este espacio para anotar cómo te sientes.
Recuerda que somos cíclicas; anotar tus emociones te
ayuda a reconocer el ciclo en el que estás pasando, a vivir
en armonía.
Todo pasa, Todo cambia.

_____
_____
_____
_____
_____
_____
_____
_____
_____
_____
_____
_____
_____
_____
_____

MAYO

19 | LUNES

....
....
....
....
....
....
....
....
....
....

El secreto de todo está en la calidad de tu impecabilidad como persona. El profundo respeto y amor propio que tenemos para nosotros mismo es el impulso mágico de un guerrero.

(Ruben Oscar Guglielmo)

20 | MARTES

Cuarto menguante

....
....
....
....
....
....
....
....

Medita

FASE LUNAR
Fase Lútea
Desde el día 18 hasta el final del ciclo

- El folículo vacío que ha quedado en el ovario tras la ovulación da lugar al cuerpo lúteo
- El cuerpo se prepara para un eventual embarazo
- Alta producción de **progesterona** que hace que el endometrio aumente de espesor; si no se produce el embarazo, la progesterona empieza a bajar y el endometrio empieza a "morir"
- Tratamos de no gastar energía
- Queremos dormir más
- Nos volvemos más sensibles
- Empieza una fase de reflexión
- Habla la intuición

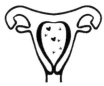

Cuarto menguante - Luna negra

Que nos pasa a nivel emocional

- Es una fase para sanar y avanzar en nuestro proceso de crecimiento personal
- Es la fase ideal para indagar en nuestras necesidades, nuestros miedos
- Es el momento de limpiar, hacer orden y tirar lo que ya no sirve
- En esta fase nos conectamos con la magia interior, con nuestros poderes

Otoño

La hechicera arquetípicamente mira hacia dentro y deja atrás lo que ya no sirve. Se vincula al misterio y al interior.

En el jardín

- La savia empieza a descender hacia las raíces
- Ideal para sembrar hortalizas de raíz
- Trasplantar, abonar, cortar hojas secas

MAYO

21 | MIÉRCOLES

Cierra

Cambia tu concepción de ti mismo y automáticamente cambiará el mundo en el cual vives, no trates de cambiar a la personas, ellos solo son mensajeros contando una historia de quien eres.
Reevalúate y ellos confirmarán el cambio.

(Neville Goddard)

22 | JUEVES

Deja ir

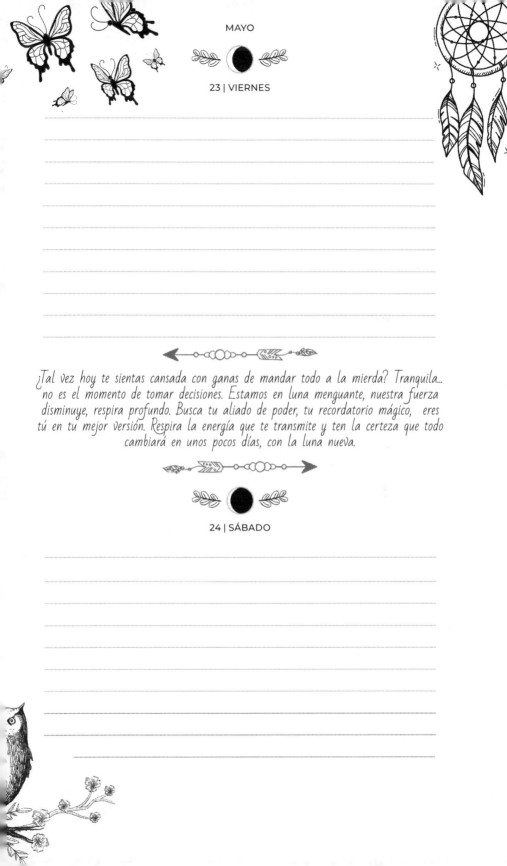

MAYO

23 | VIERNES

¡Tal vez hoy te sientas cansada con ganas de mandar todo a la mierda? Tranquila... no es el momento de tomar decisiones. Estamos en luna menguante, nuestra fuerza disminuye, respira profundo. Busca tu aliado de poder, tu recordatorio mágico, eres tú en tu mejor versión. Respira la energía que te transmite y ten la certeza que todo cambiará en unos pocos días, con la luna nueva.

24 | SÁBADO

MAYO

25 | DOMINGO

Nos preparamos para el final de cada ciclo despidiéndonos
desde el principio. Lo haces con naturalidad, con el
mismo estilo y cariño como si saludaras.

(Sulle Ali dell' Intento, Taisha Abelar)

26 | LUNES

Luna negra

Sueta

Ritual de luna negra

Hoy la luna se oculta, pierde completamente su iluminación, por lo que "desaparece" dejando una noche en total oscuridad. ¡No te cargues de actividades! Es un momento de mucha introspección. Esta oscuridad nos invita a enfrentar los conflictos internos y traerlos a la luz . Todo puede suceder el día de hoy, no te apures.

Hoy es un buen día para regalarte un buen masaje a tus pies, piernas y manos, para sacar cualquier residuo de energía que ya no sirve. Mañana empieza un nuevo ciclo, hay que despertarse más liviana, con nuevas energías.

En la noche de luna negra escribe en un papel todo aquello que deseas soltar, dejar ir (personas, cosas, pensamientos, emociones).
Sé valiente y recuerda que te mereces todo lo bueno.

Prende una vela o una fogata y quema tu lista con el fuego con la intención de dejar ir definitivamente. Este acto de poder permite la liberación y la transformación y abre espacios para nuevas ideas, pensamientos y nuevas oportunidades. Quédate algunos minutos en silencio, siente la oscuridad, siente la magia que hay en ti, pídele ayuda y protección.

¡Confía!

MAYO

27 | MARTES

Luna nueva

Respira

Aprende a tomar contacto con el silencio que está dentro de ti.

28 | MIÉRCOLES

Medita

Sigue el ritual de luna nueva en la próxima página

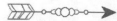

FASE LUNAR
La Menstruación
Día 1, día de sangrado

Que nos pasa
a nivel físico:

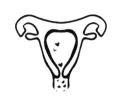

- La superficie del endometrio se rompe y se convierte en fluido rojo que contiene sangre, pero también células madres, vitaminas, proteínas, sales minerales, cobre, magnesio y potasio.
- El cuello del útero está ligeramente abierto para dejar pasar la sangre
- Estamos inundadas de oxitocina
- Es el fin de un ciclo e inicio de otro
- El cuerpo nos pide descansar
- La espiritualidad sustituye a la sexualidad

Luna nueva - Cuarto creciente

Que nos pasa
a nivel
emocional

- Es la fase oscura por excelencia
- Es el momento de quietud y meditación
- Es la fase del silencio y la introspección
- Debemos tomarnos el tiempo de menstruar y así recargar energía para el ciclo que va a empezar
- Habla la intuición y el instinto
- Cómo se derrama la sangre así debemos dejar ir lo que ya no sirve
- Conectar con tu yo más íntimo

Invierno

La bruja arquetípicamente representa la sabiduría,la interiorización, la magia, la quietud y la renovación.

En el jardín

- La savia se concentra en las raíces
- Eliminar hojas marchitas y deshierbar
- Usa tu sangre menstrual para abonar tus plantas
- Es tiempo de podar
- Cosechar plantas de raíz (zanahoria, rábanos)

Ritual de luna nueva

Haz una lista de lo que quieres lograr en este ciclo lunar.
Tienes 28 días para visualizarlo y crearlo.

En las noche de luna nueva crea tu altar, prendes una vela y entregas tus intenciones, tus sueños, tus afirmaciones. Detente por un momento en silencio, medita, agradece, bendice tu altar y ten la certeza que todo lo que quieres desde el corazón ya está para ti.

"Hay que ser práctica en pedir deseos"

29 | JUEVES

Escucha

La intuición es la facultad de comprender las cosas al instante; la intuición no viene de la mente, llega desde el corazón.

30 | VIERNES

MAYO

31 | SÁBADO

....
....
....
....
....
....
....
....
....
....
....

La magia está en el hábito de hacerlo, hacerlo lo rende real. Como cada cosa que se empieza por primera vez, al principio hay que darle continuidad porque la magia está solo en el hábito de hacerlo.

Ruben Oscar Guglielmo

....
....
....
....
....
....
....
....
....
....

JUNIO

"Su maestro le había dicho que era una creación de
la naturaleza, nacida gracias a la intervención de la
inteligencia infinita, del gran cosmos y de la fuerza
del planeta. Había nacido una mujer para enseñar
a amar, destinada a convertirse en una maestra de
la vida y del amor..... Si quieres convertir tus sueños
en realidad, tendrás que aprender a conocerte a ti
misma. Cuanto más te conozcas, más te acercarás
a lo que deseas obtener.""

-La profezia della Curandera, H.H. Manani

Junio 2025

Sábado	Domingo	Lunes	Martes	Miércoles	Jueves	Viernes
	1	2 ◑ Cuarto creciente	3	4	5	6
7	8	9	10	11 ◯ Luna llena	12	13
14	15	16	17	18 ◑ Cuarto menguante	19	20
21	22	23	24 ● Luna negra	25 ● Luna nueva	26	27
28	29	30				

MIS FINANZAS

Reto de junio

FECHA	CONCEPTO	ENTRADA	SALIDA

"Una persona con inteligencia media y metas claras superará por mucho a un genio que no está seguro de lo que quiere"

(Brian Tracy)

JUNIO

01 | DOMINGO

La felicidad se alcanza cuando lo que uno piensa, lo que uno dice y lo que uno hace están en armonía."

(Mahatma Gandhi)

02 | LUNES

Cuarto creciente

Planea

FASE LUNAR
Fase Folicular
Desde el dia 7 hasta el dia 12/13 del ciclo

Que nos pasa
a nivel físico:

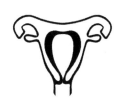

- La glándula pituitaria manda una señal para que el cuerpo empiece a producir hormonas: **estrógeno**, **testosterona**, la **hormona FSH (folículo estimulante)** y la **hormona luteinizante** para la formación y liberación de óvulos maduros y para preparar el endometrio para un eventual embarazo
- Es la fase donde se produce el desarrollo de folículos ováricos
- Aumenta la **serotonina** de día y la **melatonina** de noche
- Aumenta la energía física, una energía comparable a la primavera nos invade

Cuarto cresiente - Luna llena

Que nos pasa
a nivel
emocional

Primavera

- Es una fase de preparación para el inicio de algo nuevo, nos preparamos para crear
- Sensación de fuerza que llena el cuerpo
- Fase de potencialidad y vitalidad mental
- Es el momento de iniciar cosas, poner en marcha un proyecto, planear
- Buen momento para tomar decisiones, la serotonina nos da lucidez, pensamientos claros
- Necesitamos dormir menos y tenemos más ganas de socializar
- Sube la autoestima y nos vemos más lindas
- Sube el deseo sexual

La virgen arquetípicamente representa resolución y control

En el jardín

- La savia empieza a movilizarse hacia arriba
- Ideal para sembrar hortaliza de hoja y todas plantas que crecen en altura

03 | MARTES

Imagina

La visualización creativa sirve para traer ideas abstractas al piano físico.

(El poder espiritual de la mujer, Diane Stein)

04 | MIÉRCOLES

Visualiza

JUNIO

05 | JUEVES

Contempla cada camino de cerca; entonces, hazte una pregunta crucial:
¡Tiene corazón este camino? Si la respuesta es SI entonces el camino es bueno.
Si no es así, es un camino inútil.

(Las enseñanza de don Juan, Carlos Castaneda)

06 | VIERNES

JUNIO

07 | SÁBADO

....
....
....
....
....
....
....
....

Concentrarse en hacer algo quedando indiferente al resultado. Eso significa dedicar toda tu atención a la acción. Cuando comprendes esto y dejas de alimentar tu monólogo interior, otra conciencia emerge y pasa a primer plano.

(Sulle Ali dell' Intento, Taisha Abelar)

08 | DOMINGO

....
....
....
....
....
....
....
....
....
....

JUNIO

09 | LUNES

Tú tienes la última palabra de cómo sentirte. ¡Tu decides! Ve al inicio de esta agenda y busca tu *RECORDATORIO MÁGICO*. ¡Míralo! Respira toda la energía que él trasmite. Eres tu en tu mejor versión; cárgate de esta energía y actúa... ya casi llega-mos a la luna llena. Que nada ni nadie te distraiga de tu objetivo

10 | MARTES

JUNIO

11 | MIÉRCOLES

Agradece

_____
_____
_____
_____
_____
_____
_____
_____
_____

El universo está lleno de abundancia y oportunidades, pero muchas personas llegan a la fuente de la vida con una cucharita en vez que una pala. Esperan poco y como resultado reciben poco.

(Ben Sweetland)

12 | JUEVES

Luna llena

_____
_____
_____
_____

Actua

_____
_____
_____

Sigue el ritual de luna llena en la próxima página

FASE LUNAR
La Ovulación
Desde el día 13 hasta el día 17/18 del ciclo

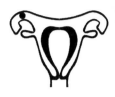

Que nos pasa
a nivel físico:

- El folículo dominante libera el óvulo
- Se produce progesterona y la hormona luteinizante alcanza su máximo nivel
- La ovulación ha inicio
- La subida de nivel de las feromona nos hace sentir más atractivas, más lindas, seductoras, empáticas
- Tenemos muchísima energía

Luna llena - Cuarto menguante

Que nos pasa
a nivel
emocional

- Es el momento de nutrir y ejecutar nuestro proyecto
- Es el momento de crear
- Tenemos más ganas de salir, estar en compañía
- Nos invade una oleada de energía creadora que si no está bien canalizada se convierte en nerviosismo e histeria
- Podemos sentirnos distraídas y con muchos antojos
- Aumenta la libido

Verano

La madre arquetípicamente es armonía,
empatía, es protectora y asume responsabilidades

En el jardín

- La savia se concentra en tallo, hojas, ramas y flores
- Ideal para cosechar hortalizas de hojas
- Podar si queremos que crezca más fuerte y más folliaje
- Trasplantar si queremos que las hojas se desarrollen más rápidamente

Luna llena

La luna llena es la matrona, la madre, la emperatriz del tarot, la diosa creadora de sus propios caminos; es fuente de vida y nacimiento.

Hoy la luna alcanza su máximo esplendor, está bellísima y nosotras igual, nuestra energía está al máximo. Estamos ovulando, estamos creando. La fertilidad es crear, la fertilidad es mujer. Crear un libro, una canción, un proyecto, poemas, escultura, un cuadro, hacer negocios, construir un hogar ...hasta tenemos el poder de crear una vida humana.

CREAR ES UNA DE NUESTRAS
HABILIDADES COMO MUJERES

En la luna llena es un tiempo donde las mujeres experimentan una oleada de energía, que si no está canalizada se convierte en nerviosismo. Canalizada y dirigida, esta energía de la luna inicia acciones que hacen que los deseos y sueños ocurran, interconecta mujeres en todo el mundo y mueve las ideas iniciales de luna nueva hacia realidades manifiestas. Las mujeres alcanzan el tope de su voluntad y de su ser creativo y se convierten en diosas atrayendo la luna .

Apunta tu energía hacia tus sueños

Ritual de luna llena

¡HOY HAY QUE CELEBRAR!

Prende una vela, un fuego, canta, baila, ríete, embriágate de felicidad, celebra sola o con más mujeres. Tómate un momento para observar la luna y repite en voz alta.

VEN A MI Y LLENAME CON TU LUZ
ENTRA EN MI BRILLANDO CON TU PLENITUD
QUE PUEDA USAR TU PODER PARA MI BIEN
Y PARA EL BIEN DE TODOS

Luego busca la lista de tus deseos (la lista que recopilaste durante la luna nueva) y vuelve a leerla en voz alta para que se cargue con el poder de la luna llena, agradece y termina diciendo "Así sea". Quédate en silencio unos minutos y termina apagando la vela.

Si tienes cristales es un buen momento para sacarlos y dejar que la luz de la luna los cargue con su energía. Deja tus cristales toda la noche bajo la luz de la luna y retíralos antes que salga el sol.

JUNIO

13 | VIERNES

Crea

La creatividad nace de la angustia, como el día de la noche oscura.

(Albert Einstein)

14 | SÁBADO

15 | DOMINGO

¡Sientes como la energía empieza a bajar?
Son los últimos días para dar un empujón a nuestros objetivos y agradecer los
avances que hemos tenido desde la luna llena.

16 | LUNES

JUNIO

17 | MARTES

....
....
....
....
....
....
....
....
....
....

La voz del espíritu es una abstracción que no tiene nada que ver con las voces, pero es posible que a veces las escuchemos. El espíritu es una fuerza abstracta, ni buena ni mala. Una fuerza que no tiene interés alguno en nosotros, pero que a pesar de ello responde a nuestro poder. No a nuestras oraciones, fíjate bien, sino a nuestro poder.

(Donde cruzan los Brujos,Taisha Abelar)

18 | MIÉRCOLES

Cuarto menguante

....
....
....
....
....   *Medita*
....
....
....
....

FASE LUNAR
Fase Lútea
Desde el día 18 hasta el final del ciclo

Que nos pasa a nivel físico:

- El folículo vacío que ha quedado en el ovario tras la ovulación da lugar al cuerpo lúteo
- El cuerpo se prepara para un eventual embarazo
- Alta producción de **progesterona** que hace que el endometrio aumente de espesor; si no se produce el embarazo, la progesterona empieza a bajar y el endometrio empieza a "morir"
- Tratamos de no gastar energía
- Queremos dormir más
- Nos volvemos más sensibles
- Empieza una fase de reflexión
- Habla la intuición

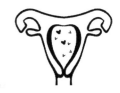

Cuarto menguante – Luna negra

Que nos pasa a nivel emocional

- Es una fase para sanar y avanzar en nuestro proceso de crecimiento personal
- Es la fase ideal para indagar en nuestras necesidades, nuestros miedos
- Es el momento de limpiar, hacer orden y tirar lo que ya no sirve
- En esta fase nos conectamos con la magia interior, con nuestros poderes

Otoño

La hechicera arquetípicamente mira hacia dentro y deja atrás lo que ya no sirve. Se vincula al misterio y al interior.

En el jardín

- La savia empieza a descender hacia las raíces
- Ideal para sembrar hortalizas de raíz
- Trasplantar, abonar, cortar hojas secas

JUNIO

19 | JUEVES

Cierra

Lo que no nutre ¡dejalo ir! Hoy es el día para despedir lo que no aporta
felicidad y armonía a nuestra vida. Solo necesitas dos ingredientes:
fuerza de voluntad y acción.

20 | VIERNES

Deja ir

JUNIO

21 | SÁBADO

Somos mente, pero el corazón manda

22 | DOMINGO

JUNIO

23 | LUNES

¡No te desesperes! Muchas situaciones y cosas se van perdiendo.
Hay días que sentimos que lo hemos perdido todo, recuerda que estamos
en luna menguante y nuestra fuerza disminuye. Descansa, agradece, pronto
la luz de la luna volverá a darte la fuerza..

24 | MARTES

Luna negra

Sueta

Ritual de luna negra

Hoy la luna se oculta, pierde completamente su iluminación, por lo que "desaparece" dejando una noche en total oscuridad. ¡No te cargues de actividades! Es un momento de mucha introspección. Esta oscuridad nos invita a enfrentar los conflictos internos y traerlos a la luz . Todo puede suceder el día de hoy, no te apures.

Hoy es un buen día para regalarte un buen masaje a tus pies, piernas y manos, para sacar cualquier residuo de energía que ya no sirve. Mañana empieza un nuevo ciclo, hay que despertarse más liviana, con nuevas energías.

Fn la noche de luna negra escribe en un papel todo aquello que deseas soltar, dejar ir (personas, cosas, pensamientos, emociones).
Sé valiente y recuerda que te mereces todo lo bueno.

Prende una vela o una fogata y quema tu lista con el fuego con la intención de dejar ir definitivamente. Este acto de poder permite la liberación y la transformación y abre espacios para nuevas ideas, pensamientos y nuevas oportunidades. Quédate algunos minutos en silencio, siente la oscuridad, siente la magia que hay en ti, pídele ayuda y protección.

¡Confía!

25 | MIÉRCOLES

Luna nueva

Respira

En muchos momentos de la vida el silencio es la respuesta más sabia

(Paolo Coelho)

26 | JUEVES

Medita

Sigue el ritual de luna nueva en la próxima página

FASE LUNAR
La Menstruación
Día 1, día de sangrado

Que nos pasa
a nivel físico:

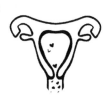

- La superficie del endometrio se rompe y se convierte en fluido rojo que contiene sangre, pero también células madres, vitaminas, proteínas, sales minerales, cobre, magnesio y potasio.
- El cuello del útero está ligeramente abierto para dejar pasar la sangre
- Estamos inundadas de oxitocina
- Es el fin de un ciclo e inicio de otro
- El cuerpo nos pide descansar
- La espiritualidad sustituye a la sexualidad

Luna nueva - Cuarto creciente

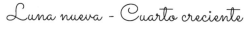

Que nos pasa
a nivel
emocional

- Es la fase oscura por excelencia
- Es el momento de quietud y meditación
- Es la fase del silencio y la introspección
- Debemos tomarnos el tiempo de menstruar y así recargar energía para el ciclo que va a empezar
- Habla la intuición y el instinto
- Cómo se derrama la sangre así debemos dejar ir lo que ya no sirve
- Conectar con tu yo más íntimo

Invierno

La bruja arquetípicamente representa la sabiduría, la interiorización, la magia, la quietud y la renovación.

En el jardín

- La savia se concentra en las raíces
- Eliminar hojas marchitas y deshierbar
- Usa tu sangre menstrual para abonar tus plantas
- Es tiempo de podar
- Cosechar plantas de raíz (zanahoria, rábanos)

Ritual de luna nueva

Haz una lista de lo que quieres lograr en este ciclo lunar.
Tienes 28 días para visualizarlo y crearlo.

En las noche de luna nueva crea tu altar, prendes una vela y entregas tus intenciones, tus sueños, tus afirmaciones. Detente por un momento en silencio, medita, agradece, bendice tu altar y ten la certeza que todo lo que quieres desde el corazón ya está para ti.

"Hay que ser práctica en pedir deseos"

27 | VIERNES

Escucha

La intuición es eso que sabes, que no sabes cómo lo sabes,
pero sabes que lo sabes.

28 | SÁBADO

JUNIO

29 | DOMINGO

Tu energía habla fuerte y claro.
Tu energía dice más que tus palabras.

---

30 | LUNES

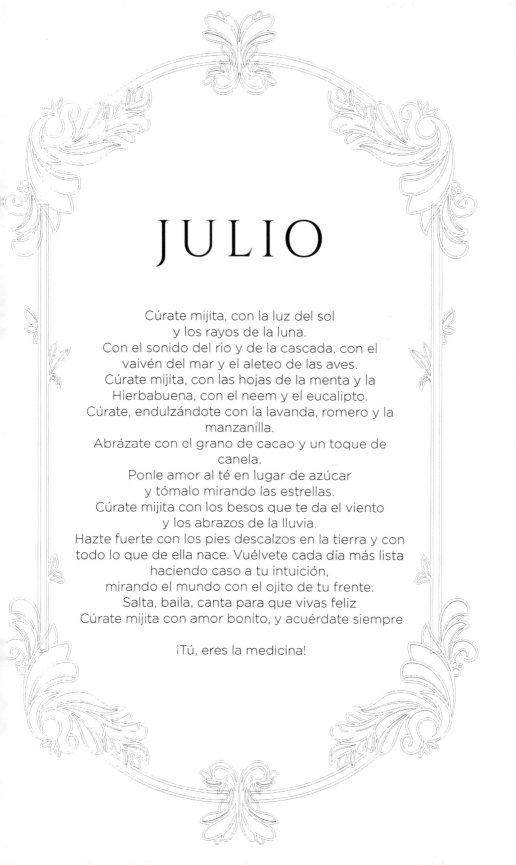

JULIO

Cúrate mijita, con la luz del sol
y los rayos de la luna.
Con el sonido del rio y de la cascada, con el
vaivén del mar y el aleteo de las aves.
Cúrate mijita, con las hojas de la menta y la
Hierbabuena, con el neem y el eucalipto.
Cúrate, endulzándote con la lavanda, romero y la
manzanilla.
Abrázate con el grano de cacao y un toque de
canela.
Ponle amor al té en lugar de azúcar
y tómalo mirando las estrellas.
Cúrate mijita con los besos que te da el viento
y los abrazos de la lluvia.
Hazte fuerte con los pies descalzos en la tierra y con
todo lo que de ella nace. Vuélvete cada día más lista
haciendo caso a tu intuición,
mirando el mundo con el ojito de tu frente.
Salta, baila, canta para que vivas feliz
Cúrate mijita con amor bonito, y acuérdate siempre

¡Tú, eres la medicina!

Julio 2025

Domingo	Lunes	Martes	Miércoles	Jueves	Viernes	Sábado
		1	2 ◑ *Cuarto creciente*	3	4	5
6	7	8	9	10 ○ *Luna llena*	11	12
13	14	15	16	17 ◐ *Cuarto menguante*	18	19
20	21	22	23 ● *Luna negra*	24 ● *Luna nueva*	25	26
27	28	29	30	31		

MIS FINANZAS

Reto de julio

FECHA	CONCEPTO	ENTRADA	SALIDA

"Primero crea los flujos, después compra los lujos"

(Anónimo)

JULIO

01 | MARTES

....
....
....
....
....
....
....
....

"No hay nada que comprender, el tiro es la simpleza. Lo natural es ser tú misma, por eso cuando pasas por allí estas bien."

Diario de un aprendiz, Ruben Oscar Guglielmo

02 | MIÉRCOLES

Cuarto creciente

Planea

....
....
....
....
....
....
....
....

FASE LUNAR
Fase Folicular
Desde el dia 7 hasta el dia 12/13 del ciclo

Que nos pasa a nivel físico:

- La glándula pituitaria manda una señal para que el cuerpo empiece a producir hormonas: **estrógeno, testosterona,** la **hormona FSH (folículo estimulante)** y la **hormona luteinizante** para la formación y liberación de óvulos maduros y para preparar el endometrio para un eventual embarazo
- Es la fase donde se produce el desarrollo de folículos ováricos
- Aumenta la **serotonina** de día y la **melatonina** de noche
- Aumenta la energía física, una energía comparable a la primavera nos invade

Cuarto cresiente - Luna llena

Que nos pasa a nivel emocional

- Es una fase de preparación para el inicio de algo nuevo, nos preparamos para crear
- Sensación de fuerza que llena el cuerpo
- Fase de potencialidad y vitalidad mental
- Es el momento de iniciar cosas, poner en marcha un proyecto, planear
- Buen momento para tomar decisiones, la serotonina nos da lucidez, pensamientos claros
- Necesitamos dormir menos y tenemos más ganas de socializar
- Sube la autoestima y nos vemos más lindas
- Sube el deseo sexual

Primavera

La virgen arquetípicamente representa resolución y control

En el jardín

- La savia empieza a movilizarse hacia arriba
- Ideal para sembrar hortaliza de hoja y todas plantas que crecen en altura

JULIO

03 | JUEVES

Imagina

La visualización creativa es una habilidad, algo para aprender y al igual que el uso de los músculos o el desarrollo de una técnica, origina más aprendizaje con la práctica.

(El poder infinito del Yo Soy, Neville Goddard)

04 | VIERNES

Visualiza

JULIO

05 | SÁBADO

La única manera para explorar el intento es experimentarlo en forma directa por medio de esa conexión viva que existe entre el intento y todos los seres vivientes. Los brujos llaman intento a lo indescriptible, al espíritu, al abstracto.

(Don Juan Matus)

06 | DOMINGO

07 | LUNES

Tú tienes la última palabra de cómo sentirte. Tu decides! Ve al inicio de esta agenda y busca tu RECORDATORIO MÁGICO. ¡Míralo! Respira toda la energía que el trasmite. Eres tu en tu mejor versión; cárgate de esta energía y actúa... ya casi llegamos a la luna llena. Que nada ni nadie te distraiga de tu objetivo.

08 | MARTES

Observaciones personales

Utiliza este espacio para anotar cómo te sientes.
Recuerda que somos cíclicas; anotar tus emociones te
ayuda a reconocer el ciclo en el que estás pasando, a vivir
en armonía.
Todo pasa, Todo cambia.

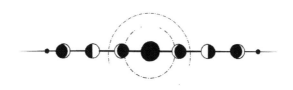

09 | MIÉRCOLES

....
....
....
....
....
....
....
....
....
....

La fuerza no viene de la capacidad corporal, sino de la voluntad del alma.

(Mahatma Gandhi)

10 | JUEVES

Luna llena

....
....
....
....
....
....
....
....

Agradece

Sigue el ritual de luna llena en la próxima página

FASE LUNAR
La Ovulación
Desde el día 13 hasta el día 17/18 del ciclo

Que nos pasa
a nivel físico:

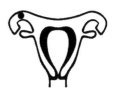

- El folículo dominante libera el óvulo
- Se produce progesterona y la hormona luteinizante alcanza su máximo nivel
- La ovulación ha inicio
- La subida de nivel de las feromona nos hace sentir más atractivas, más lindas, seductoras, empáticas
- Tenemos muchísima energía

Luna llena - Cuarto menguante

Que nos pasa
a nivel
emocional

- Es el momento de nutrir y ejecutar nuestro proyecto
- Es el momento de crear
- Tenemos más ganas de salir, estar en compañía
- Nos invade una oleada de energía creadora que si no está bien canalizada se convierte en nerviosismo e histeria
- Podemos sentirnos distraídas y con muchos antojos
- Aumenta la libido

Verano

La madre arquetípicamente es armonía,
empatía, es protectora y asume responsabilidades

En el jardín

- La savia se concentra en tallo, hojas, ramas y flores
- Ideal para cosechar hortalizas de hojas
- Podar si queremos que crezca más fuerte y más folliaje
- Trasplantar si queremos que las hojas se desarrollen más rápidamente

Luna llena

La luna llena es la matrona, la madre, la emperatriz del tarot, la diosa creadora de sus propios caminos; es fuente de vida y nacimiento.

Hoy la luna alcanza su máximo esplendor, está bellísima y nosotras igual, nuestra energía está al máximo. Estamos ovulando, estamos creando. La fertilidad es crear, la fertilidad es mujer. Crear un libro, una canción, un proyecto, poemas, escultura, un cuadro, hacer negocios, construir un hogar ...hasta tenemos el poder de crear una vida humana.

CREAR ES UNA DE NUESTRAS HABILIDADES COMO MUJERES

En la luna llena es un tiempo donde las mujeres experimentan una oleada de energía, que si no está canalizada se convierte en nerviosismo. Canalizada y dirigida, esta energía de la luna inicia acciones que hacen que los deseos y sueños ocurran, interconecta mujeres en todo el mundo y mueve las ideas iniciales de luna nueva hacia realidades manifiestas. Las mujeres alcanzan el tope de su voluntad y de su ser creativo y se convierten en diosas atrayendo la luna .

Apunta tu energía hacia tus sueños

Ritual de luna llena

¡HOY HAY QUE CELEBRAR!

Prende una vela, un fuego, canta, baila, ríete, embriágate de felicidad, celebra sola o con más mujeres. Tómate un momento para observar la luna y repite en voz alta.

VEN A MI Y LLENAME CON TU LUZ
ENTRA EN MI BRILLANDO CON TU PLENITUD
QUE PUEDA USAR TU PODER PARA MI BIEN
Y PARA EL BIEN DE TODOS

Luego busca la lista de tus deseos (la lista que recopilaste durante la luna nueva) y vuelve a leerla en voz alta para que se cargue con el poder de la luna llena, agradece y termina diciendo "Así sea". Quédate en silencio unos minutos y termina apagando la vela.

Si tienes cristales es un buen momento para sacarlos y dejar que la luz de la luna los cargue con su energía. Deja tus cristales toda la noche bajo la luz de la luna y retíralos antes que salga el sol.

JULIO

11 | VIERNES

Actua

Revisa tu lista de luna nueva. Esta es la semana de la acción; hay que
canalizar esta energía en acciones que hacen que nuestros deseos ocurran,
nuestras ideas de luna nueva se hagan una realidad manifiesta.

12 | SÁBADO

Crea

JULIO

13 | DOMINGO

_Un pensamiento afecta al ser en todos niveles y
un pensamiento aceptado cambia vidas._

14 | LUNES

JULIO

15 | MARTES

¿Sientes como la energía empieza a bajar? Son los últimos días para
dar un empujón a nuestros objetivos y agradecer los avances
que hemos tenido desde la luna llena.

16 | MIÉRCOLES

Observaciones personales

Utiliza este espacio para anotar cómo te sientes.
Recuerda que somos cíclicas; anotar tus emociones te
ayuda a reconocer el ciclo en el que estás pasando, a vivir
en armonía.
Todo pasa, Todo cambia.

_____
_____
_____
_____
_____
_____
_____
_____
_____
_____
_____
_____
_____
_____
_____

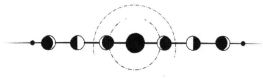

JULIO

17 | JUEVES

Cuarto menguante

Medita

Intenta escuchar el sonido de tu corazón bajando el volumen de tus pensamientos.

18 | VIERNES

Cierra

FASE LUNAR
Fase Lútea
Desde el día 18 hasta el final del ciclo

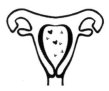

Que nos pasa a nivel físico:

- El folículo vacío que ha quedado en el ovario tras la ovulación da lugar al cuerpo lúteo
- El cuerpo se prepara para un eventual embarazo
- Alta producción de **progesterona** que hace que el endometrio aumente de espesor; si no se produce el embarazo, la progesterona empieza a bajar y el endometrio empieza a "morir"
- Tratamos de no gastar energía
- Queremos dormir más
- Nos volvemos más sensibles
- Empieza una fase de reflexión
- Habla la intuición

Cuarto menguante – Luna negra

Que nos pasa a nivel emocional

- Es una fase para sanar y avanzar en nuestro proceso de crecimiento personal
- Es la fase ideal para indagar en nuestras necesidades, nuestros miedos
- Es el momento de limpiar, hacer orden y tirar lo que ya no sirve
- En esta fase nos conectamos con la magia interior, con nuestros poderes

Otoño

La hechicera arquetípicamente mira hacia dentro y deja atrás lo que ya no sirve. Se vincula al misterio y al interior.

En el jardín

- La savia empieza a descender hacia las raíces
- Ideal para sembrar hortalizas de raíz
- Trasplantar, abonar, cortar hojas secas

19 | SÁBADO

Deja ir

Un día mirarás atrás y te darás cuenta de que te preocupaste demasiado por cosas que realmente no importan.

(Buda)

20 | DOMINGO

JULIO

21 | LUNES

¡No te desesperes! En estos días podrás sentirte cansada, sin fuerza solo déjalo ir. Recuerda que cuando estamos en luna menguante nuestra fuerza disminuye. Evita tomar decisiones, espera el cambio de la luna.

22 | MARTES

23 | MIÉRCOLES
Luna negra

Sueta

Siempre cree en ti misma, también en los peores momentos,
incluso si eso significa caminar sola.

Observaciones personales

Un espacio para anotar tus pensamientos, tus emociones.

Ritual de luna negra

Hoy la luna se oculta, pierde completamente su iluminación, por lo que "desaparece" dejando una noche en total oscuridad. ¡No te cargues de actividades! Es un momento de mucha introspección. Esta oscuridad nos invita a enfrentar los conflictos internos y traerlos a la luz . Todo puede suceder el día de hoy, no te apures.

Hoy es un buen día para regalarte un buen masaje a tus pies, piernas y manos, para sacar cualquier residuo de energía que ya no sirve. Mañana empieza un nuevo ciclo, hay que despertarse más liviana, con nuevas energías.

En la noche de luna negra escribe en un papel todo aquello que deseas soltar, dejar ir (personas, cosas, pensamientos, emociones).
Sé valiente y recuerda que te mereces todo lo bueno.

Prende una vela o una fogata y quema tu lista con el fuego con la intención de dejar ir definitivamente. Este acto de poder permite la liberación y la transformación y abre espacios para nuevas ideas, pensamientos y nuevas oportunidades. Quédate algunos minutos en silencio, siente la oscuridad, siente la magia que hay en ti, pídele ayuda y protección.

¡Confía!

24 | JUEVES

Luna nueva

Respira

Permite que el silencio te lleve al centro de tu vida.

(Rumi)

25 | VIERNES

Medita

Sigue el ritual de luna nueva en la próxima página

FASE LUNAR
La Menstruación
Día 1, día de sangrado

Que nos pasa
a nivel físico:

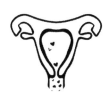

- La superficie del endometrio se rompe y se convierte en fluido rojo que contiene sangre, pero también células madres, vitaminas, proteínas, sales minerales, cobre, magnesio y potasio.
- El cuello del útero está ligeramente abierto para dejar pasar la sangre
- Estamos inundadas de oxitocina
- Es el fin de un ciclo e inicio de otro
- El cuerpo nos pide descansar
- La espiritualidad sustituye a la sexualidad

Luna nueva - Cuarto creciente

Que nos pasa
a nivel
emocional

- Es la fase oscura por excelencia
- Es el momento de quietud y meditación
- Es la fase del silencio y la introspección
- Debemos tomarnos el tiempo de menstruar y así recargar energía para el ciclo que va a empezar
- Habla la intuición y el instinto
- Cómo se derrama la sangre así debemos dejar ir lo que ya no sirve
- Conectar con tu yo más íntimo

Invierno

La bruja arquetípicamente representa la sabiduría, la interiorización, la magia, la quietud y la renovación.

En el jardín

- La savia se concentra en las raíces
- Eliminar hojas marchitas y deshierbar
- Usa tu sangre menstrual para abonar tus plantas
- Es tiempo de podar
- Cosechar plantas de raíz (zanahoria, rábanos)

Ritual de luna nueva

Haz una lista de lo que quieres lograr en este ciclo lunar.
Tienes 28 días para visualizarlo y crearlo.

En las noche de luna nueva crea tu altar, prendes una vela y entregas tus intenciones, tus sueños, tus afirmaciones. Detente por un momento en silencio, medita, agradece, bendice tu altar y ten la certeza que todo lo que quieres desde el corazón ya está para ti.

"Hay que ser práctica en pedir deseos"

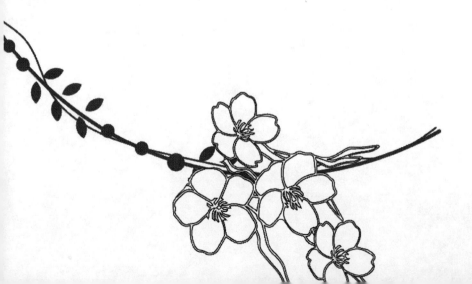

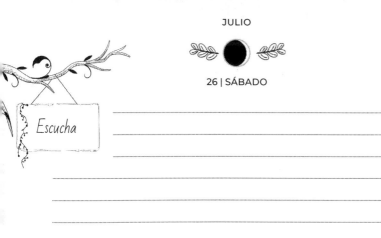

JULIO

26 | SÁBADO

Escucha

Ten el coraje y la valentía de seguir tu corazón y tu intuición.

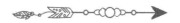

27 | DOMINGO

JULIO

28 | LUNES

No necesitamos maestros. Lo que debemos hacer es dejar de lado nuestros apegos.
Mantenerse apegado al yo personal es un desperdicio de energía. Lo mejor es
utilizar esta energía para dar forma al cuerpo energético, de modo que
el intento pueda conducirte a la libertad.

(Sulle Ali dell' Intento, Taisha Abelar)

29 | MARTES

JULIO

30 | MIÉRCOLES

Si la gente pudiera reírse a carcajadas por lo menos una hora por día, sin razón alguna, no necesitaría ningún tipo de meditación.

(Osho)

31 | JUEVES

Observaciones personales

Utiliza este espacio para anotar cómo te sientes.
Recuerda que somos cíclicas; anotar tus emociones
te ayuda a reconocer el ciclo en el que estás
pasando, a vivir en armonía.
Todo pasa, Todo cambia.

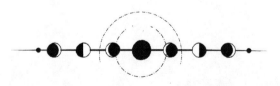

AGOSTO

Amor   -Abuela Margarita -

La luna nueva nos muestra
un cielo lleno de estrellas
La luna nueva nos muestra
un cielo lleno de estrellas.

La luna llena ilumina
refleja la luz del sol
entre las dos existen
cuarto creciente y menguante.

Los efectos de la luna
influyen en nuestro andar
Los efectos de la luna
influyen en nuestro andar

Si florece el amor
la tierra feliz será
el agua se limpiará
y una nueva humanidad
esta tierra habitará.

Si florece el amor
el agua se limpiará
la tierra feliz será
y una nueva humanidad
esta tierra habitará.

Agosto 2025

Sábado	Domingo	Lunes	Martes	Miércoles	Jueves	Viernes
						1 ◑ *Cuarto creciente*
2	3	4	5	6	7	8
9 ○ *Luna llena*	10	11	12	13	14	15
16 ◐ *Cuarto menguante*	17	18	19	20	21	22 ● *Luna negra*
23 ● *Luna nueva*	24	25	26	27	28	29
30	31 ◑ *Cuarto creciente*					

MIS FINANZAS

Reto de agosto

FECHA	CONCEPTO	ENTRADA	SALIDA

"El interés compuesto es la fuerza más poderosa del universo"

(Albert Einstein)

01 | VIERNES

Planea

Cuarto creciente

....
....
....
....
....
....
....

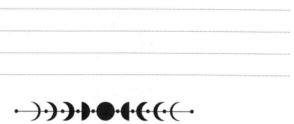

Nuestra vida es la creación de nuestra mente

(Buda)

02 | SÁBADO

Imagina

....
....
....
....
....
....
....

FASE LUNAR
Fase Folicular
Desde el dia 7 hasta el dia 12/13 del ciclo

Que nos pasa
a nivel físico:

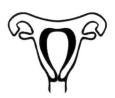

- La glándula pituitaria manda una señal para que el cuerpo empiece a producir hormonas: **estrógeno, testosterona,** la **hormona FSH (folículo estimulante)** y la **hormona luteinizante** para la formación y liberación de óvulos maduros y para preparar el endometrio para un eventual embarazo
- Es la fase donde se produce el desarrollo de folículos ováricos
- Aumenta la **serotonina** de día y la **melatonina** de noche
- Aumenta la energía física, una energía comparable a la primavera nos invade

Cuarto cresiente- Luna llena

Que nos pasa
a nivel
emocional

Primavera

- Es una fase de preparación para el inicio de algo nuevo, nos preparamos para crear
- Sensación de fuerza que llena el cuerpo
- Fase de potencialidad y vitalidad mental
- Es el momento de iniciar cosas, poner en marcha un proyecto, planear
- Buen momento para tomar decisiones, la serotonina nos da lucidez, pensamientos claros
- Necesitamos dormir menos y tenemos más ganas de socializar
- Sube la autoestima y nos vemos más lindas
- Sube el deseo sexual

La virgen arquetípicamente representa resolución y control

En el jardín

- La savia empieza a movilizarse hacia arriba
- Ideal para sembrar hortaliza de hoja y todas plantas que crecen en altura

AGOSTO

03 | DOMINGO

Visualiza

Creadas como forma de pensamientos y aceptadas en estado relajado y receptivo de meditación, las afirmaciones se vuelven acciones que originan realidades físicas.

(Haz tus deseos realidad, Neville Goddard)

04 | LUNES

AGOSTO

05 | MARTES

Cuando la mente racional, que hace que todo sea real, suelta su férreo control,
el intento te lleva al lado de la pura energía.

(Relato de Poder, Carlos Castaneda)

06 | MIÉRCOLES

Observaciones personales

Utiliza este espacio para anotar cómo te sientes.
Recuerda que somos cíclicas; anotar tus emociones
te ayuda a reconocer el ciclo en el que estás
pasando, a vivir en armonía.
Todo pasa, Todo cambia.

....

....

....

....

....

....

....

....

....

....

....

....

....

....

....

....

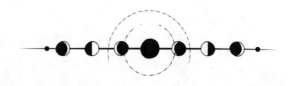

07 | JUEVES

....
....
....
....
....
....
....
....
....

Tú tienes la última palabra de cómo sentirte. ¡Tú decides! Ve al inicio de esta agenda y busca tu RECORDATORIO MÁGICO. ¡Míralo! Respira toda la energía que él trasmite. Eres tu en tu mejor versión; cárgate de esta energía y actúa ya casi llegamos a la luna llena. Que nada ni nadie te distraiga de tu objetivo.

08 | VIERNES

....
....
....
....
....
....
....

AGOSTO

09 | SÁBADO

Agradece

No es lo que quieres lo que atraes, atraes lo que crees que es cierto.

10 | DOMINGO

Luna llena

Actua

Sigue el ritual de luna llena en la próxima página

Que nos pasa
a nivel físico:

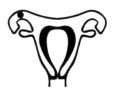

- El folículo dominante libera el óvulo
- Se produce progesterona y la hormona luteinizante alcanza su máximo nivel
- La ovulación ha inicio
- La subida de nivel de las feromona nos hace sentir más atractivas, más lindas, seductoras, empáticas
- Tenemos muchísima energía

Luna llena - Cuarto menguante

Que nos pasa
a nivel
emocional

- Es el momento de nutrir y ejecutar nuestro proyecto
- Es el momento de crear
- Tenemos más ganas de salir, estar en compañía
- Nos invade una oleada de energía creadora que si no está bien canalizada se convierte en nerviosismo e histeria
- Podemos sentirnos distraídas y con muchos antojos
- Aumenta la libido

Verano

La madre arquetípicamente es armonía, empatía, es protectora y asume responsabilidades

En el jardín

- La savia se concentra en tallo, hojas, ramas y flores
- Ideal para cosechar hortalizas de hojas
- Podar si queremos que crezca más fuerte y más folliaje
- Trasplantar si queremos que las hojas se desarrollen más rápidamente

Luna llena

La luna llena es la matrona, la madre, la emperatriz del tarot, la diosa creadora de sus propios caminos; es fuente de vida y nacimiento.

Hoy la luna alcanza su máximo esplendor, está bellísima y nosotras igual, nuestra energía está al máximo. Estamos ovulando, estamos creando. La fertilidad es crear, la fertilidad es mujer. Crear un libro, una canción, un proyecto, poemas, escultura, un cuadro, hacer negocios, construir un hogar ...hasta tenemos el poder de crear una vida humana.

CREAR ES UNA DE NUESTRAS HABILIDADES COMO MUJERES

En la luna llena es un tiempo donde las mujeres experimentan una oleada de energía, que si no está canalizada se convierte en nerviosismo. Canalizada y dirigida, esta energía de la luna inicia acciones que hacen que los deseos y sueños ocurran, interconecta mujeres en todo el mundo y mueve las ideas iniciales de luna nueva hacia realidades manifiestas. Las mujeres alcanzan el tope de su voluntad y de su ser creativo y se convierten en diosas atrayendo la luna .

Apunta tu energía hacia tus sueños

Ritual de luna llena

¡HOY HAY QUE CELEBRAR!

Prende una vela, un fuego, canta, baila, ríete, embriágate de felicidad, celebra sola o con más mujeres. Tómate un momento para observar la luna y repite en voz alta.

VEN A MI Y LLENAME CON TU LUZ
ENTRA EN MI BRILLANDO CON TU PLENITUD
QUE PUEDA USAR TU PODER PARA MI BIEN
Y PARA EL BIEN DE TODOS

Luego busca la lista de tus deseos (la lista que recopilaste durante la luna nueva) y vuelve a leerla en voz alta para que se cargue con el poder de la luna llena, agradece y termina diciendo "Así sea". Quédate en silencio unos minutos y termina apagando la vela.

Si tienes cristales es un buen momento para sacarlos y dejar que la luz de la luna los cargue con su energía. Deja tus cristales toda la noche bajo la luz de la luna y retíralos antes que salga el sol.

AGOSTO

11 | LUNES

Crea

Tu eres un alquimista. Haz oro de ti mismo.

(W. Shakespeare)

12 | MARTES

AGOSTO

13 | MIÉRCOLES

¡Sientes como la energía empieza a bajar? Son los últimos días
para dar un empujón a nuestros objetivos y agradecer
los avances que hemos tenido desde la luna llena.

14 | JUEVES

AGOSTO

15 | VIERNES

....
....
....
....
....
....
....
....

Todos queremos algo que parece estar fuera de nuestro alcance. Vemos la posibilidad de esto en los sueños. Queremos tener más energía, pero intentamos lograrlo en el mundo ordinario. Por tanto, estamos destinados a fracasar. Porque la parte que buscamos, que nos hace completos, no está en el mundo. Esa parte es el cuerpo energético. Pertenece al reino de la pura energía.

(Sulle Ali dell' Intento, Taisha Abelar)

16 | SÁBADO

Cuarto menguante

....
....
....
....
....
....
....

Medita

FASE LUNAR
Fase Lútea
Desde el día 18 hasta el final del ciclo

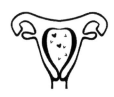

Que nos pasa a nivel físico:

- El folículo vacío que ha quedado en el ovario tras la ovulación da lugar al cuerpo lúteo
- El cuerpo se prepara para un eventual embarazo
- Alta producción de **progesterona** que hace que el endometrio aumente de espesor; si no se produce el embarazo, la progesterona empieza a bajar y el endometrio empieza a "morir"
- Tratamos de no gastar energía
- Queremos dormir más
- Nos volvemos más sensibles
- Empieza una fase de reflexión
- Habla la intuición

Cuarto menguante – Luna negra

Que nos pasa a nivel emocional

- Es una fase para sanar y avanzar en nuestro proceso de crecimiento personal
- Es la fase ideal para indagar en nuestras necesidades, nuestros miedos
- Es el momento de limpiar, hacer orden y tirar lo que ya no sirve
- En esta fase nos conectamos con la magia interior, con nuestros poderes

Otoño

La hechicera arquetípicamente mira hacia dentro y deja atrás lo que ya no sirve. Se vincula al misterio y al interior.

En el jardín

- La savia empieza a descender hacia las raíces
- Ideal para sembrar hortalizas de raíz
- Trasplantar, abonar, cortar hojas secas

17 | DOMINGO

Cierra

Todo pasa. Así debes considerar este mundo pasajero. Como una burbuja en un arroyo, un relámpago en una nube de verano, una lámpara que parpadea, un fantasma, un sueño.

(Buda)

18 | LUNES

Deja ir

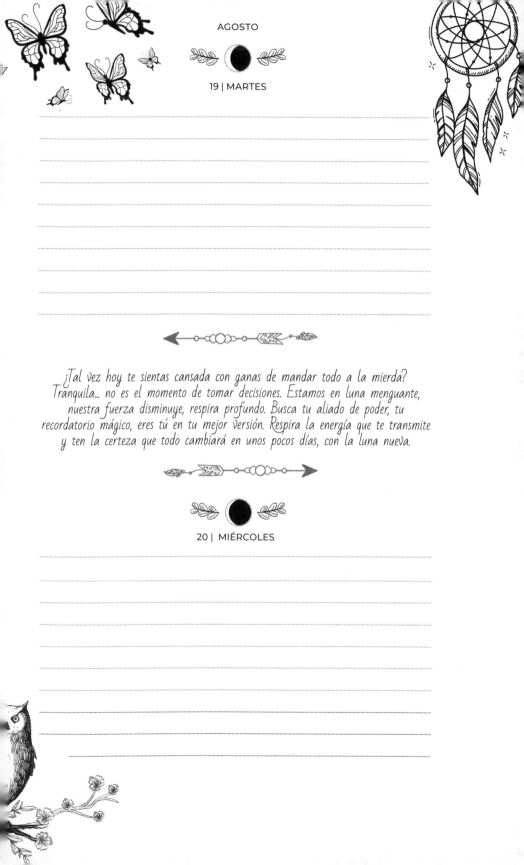

AGOSTO

19 | MARTES

¡Tal vez hoy te sientas cansada con ganas de mandar todo a la mierda?
Tranquila... no es el momento de tomar decisiones. Estamos en luna menguante,
nuestra fuerza disminuye, respira profundo. Busca tu aliado de poder, tu
recordatorio mágico, eres tú en tu mejor versión. Respira la energía que te transmite
y ten la certeza que todo cambiará en unos pocos días, con la luna nueva.

20 | MIÉRCOLES

AGOSTO

21 | JUEVES

Mientras nos aferramos a nuestra forma humana, nunca podremos acceder a esa otra parte, la parte que los brujos llaman cuerpo energético.

(Donde cruzan los Brujos,Taisha Abelar)

22 | VIERNES

Luna negra

Sueta

Ritual de luna negra

Hoy la luna se oculta, pierde completamente su iluminación, por lo que "desaparece" dejando una noche en total oscuridad. ¡No te cargues de actividades! Es un momento de mucha introspección. Esta oscuridad nos invita a enfrentar los conflictos internos y traerlos a la luz . Todo puede suceder el día de hoy, no te apures.

Hoy es un buen día para regalarte un buen masaje a tus pies, piernas y manos, para sacar cualquier residuo de energía que ya no sirve. Mañana empieza un nuevo ciclo, hay que despertarse más liviana, con nuevas energías.

En la noche de luna negra escribe en un papel todo aquello que deseas soltar, dejar ir (personas, cosas, pensamientos, emociones).
Sé valiente y recuerda que te mereces todo lo bueno.

Prende una vela o una fogata y quema tu lista con el fuego con la intención de dejar ir definitivamente. Este acto de poder permite la liberación y la transformación y abre espacios para nuevas ideas, pensamientos y nuevas oportunidades. Quédate algunos minutos en silencio, siente la oscuridad, siente la magia que hay en ti, pídele ayuda y protección.

¡Confía!

23 | SÁBADO

Luna nueva

Respira

El silencio es el único amigo que no traiciona..

(Confucio)

24 | DOMINGO

Medita

Sigue el ritual de luna nueva en la próxima página

FASE LUNAR
La Menstruación
Día 1, día de sangrado

Que nos pasa
a nivel físico:

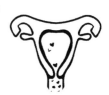

- La superficie del endometrio se rompe y se convierte en fluido rojo que contiene sangre, pero también células madres, vitaminas, proteínas, sales minerales, cobre, magnesio y potasio.
- El cuello del útero está ligeramente abierto para dejar pasar la sangre
- Estamos inundadas de oxitocina
- Es el fin de un ciclo e inicio de otro
- El cuerpo nos pide descansar
- La espiritualidad sustituye a la sexualidad

Luna nueva - Cuarto creciente

Que nos pasa
a nivel
emocional

Invierno

- Es la fase oscura por excelencia
- Es el momento de quietud y meditación
- Es la fase del silencio y la introspección
- Debemos tomarnos el tiempo de menstruar y así recargar energía para el ciclo que va a empezar
- Habla la intuición y el instinto
- Cómo se derrama la sangre así debemos dejar ir lo que ya no sirve
- Conectar con tu yo más íntimo

La bruja arquetípicamente representa la sabiduría, la interiorización, la magia, la quietud y la renovación.

En el jardín

- La savia se concentra en las raíces
- Eliminar hojas marchitas y deshierbar
- Usa tu sangre menstrual para abonar tus plantas
- Es tiempo de podar
- Cosechar plantas de raíz (zanahoria, rábanos)

Ritual de luna nueva

Haz una lista de lo que quieres lograr en este ciclo lunar.
Tienes 28 días para visualizarlo y crearlo.

En las noche de luna nueva crea tu altar, prendes una vela y entregas tus intenciones, tus sueños, tus afirmaciones. Detente por un momento en silencio, medita, agradece, bendice tu altar y ten la certeza que todo lo que quieres desde el corazón ya está para ti.

"Hay que ser práctica en pedir deseos"

AGOSTO

25 | LUNES

Escucha

La intuición es el susurro del alma.

(Krishnamurti)

26 | MARTES

AGOSTO

27 | MIÉRCOLES

Cuando abrazamos la mejor versión de nosotros mismos,
empezamos a descubrir la magia que somos: energía.

28 | JUEVES

AGOSTO

29 | VIERNES

Debes permitir que el vidente dentro de ti te guíe; y no dejar que el yo personal juegue con tu conciencia como un yo-yo, arriba y abajo, solo para satisfacer sus berrinches.

(Sulle Ali dell' Intento, Taisha Abelar)

30 | SÁBADO

Planea

Cuarto creciente

....
....
....
....
....
....
....

La vida hay que organizarla simple y desde el corazón.

(Ruben Oscar Guglielmo)

....
....
....
....
....
....
....
....

FASE LUNAR
Fase Folicular
Desde el día 7 hasta el día 12/13 del ciclo

Que nos pasa
a nivel físico:

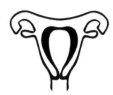

- La glándula pituitaria manda una señal para que el cuerpo empiece a producir hormonas: **estrógeno**, **testosterona**, la **hormona FSH (folículo estimulante)** y la **hormona luteinizante** para la formación y liberación de óvulos maduros y para preparar el endometrio para un eventual embarazo
- Es la fase donde se produce el desarrollo de folículos ováricos
- Aumenta la **serotonina** de día y la **melatonina** de noche
- Aumenta la energía física, una energía comparable a la primavera nos invade

Cuarto cresiente- Luna llena

Que nos pasa
a nivel
emocional

Primavera

- Es una fase de preparación para el inicio de algo nuevo, nos preparamos para crear
- Sensación de fuerza que llena el cuerpo
- Fase de potencialidad y vitalidad mental
- Es el momento de iniciar cosas, poner en marcha un proyecto, planear
- Buen momento para tomar decisiones, la serotonina nos da lucidez, pensamientos claros
- Necesitamos dormir menos y tenemos más ganas de socializar
- Sube la autoestima y nos vemos más lindas
- Sube el deseo sexual

La virgen arquetípicamente representa resolución y control

En el jardín

- La savia empieza a movilizarse hacia arriba
- Ideal para sembrar hortaliza de hoja y todas plantas que crecen en altura

Observaciones personales

Utiliza este espacio para anotar cómo te sientes.
Recuerda que somos cíclicas; anotar tus emociones
te ayuda a reconocer el ciclo en el que estás
pasando, a vivir en armonía.
Todo pasa, Todo cambia.

_____
_____
_____
_____
_____
_____
_____
_____
_____
_____
_____
_____
_____
_____
_____

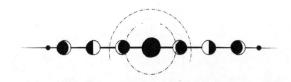

SEPTIEMBRE

"...La naturaleza te ha donado un cuerpo y un alma en los cuales reside el espíritu. En el momento en que te descubras a ti misma te encontrarás en el camino que te transformará en una verdadera mujer...El arma más potente de una mujer es su energía interior que la protege tanto a ella como a todos los que ama. Es por esta razón que tendrás que aprender a descender a tu mundo interno: solamente cuando descubras tu verdadera esencia podrá usar toda tu energía interior."

-La profezia della Curandera, H.H. Manani

Septiembre 2025

Sábado	Domingo	Lunes	Martes	Miércoles	Jueves	Viernes
		1	2	3	4	5
6	7 *Luna llena*	8	9	10	11	12
13	14 *Cuarto menguante*	15	16	17	18	19
20 *Luna negra*	21 *Luna nueva*	22	23	24	25	26
27	28	29 *Cuarto creciente*	30			

MIS FINANZAS

Reto de septiembre

FECHA	CONCEPTO	ENTRADA	SALIDA

" El autoconocimiento es la base de todo éxito "

(Platón)

01 | LUNES

Imagina

Los pensamientos son cosas reales que se manifiestan en plano no físico antes de tener efecto en niveles físicos. Un pensamiento se origina en el cuerpo mental como un patrón de vibración.

(El poder espiritual de la mujer, Diane Stein)

02 | MARTES

Visualiza

SEPTIEMBRE

03 | MIÉRCOLES

La felicidad depende de nosotros mismo.

(ʿAristotales)

04 | JUEVES

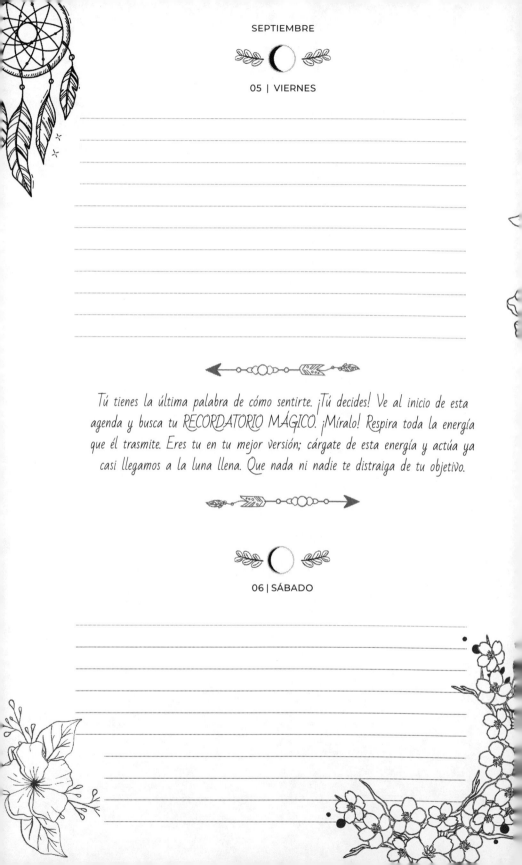

SEPTIEMBRE

05 | VIERNES

Tú tienes la última palabra de cómo sentirte. ¡Tú decides! Ve al inicio de esta agenda y busca tu RECORDATORIO MÁGICO. ¡Míralo! Respira toda la energía que él trasmite. Eres tu en tu mejor versión; cárgate de esta energía y actúa ya casi llegamos a la luna llena. Que nada ni nadie te distraiga de tu objetivo.

06 | SÁBADO

Observaciones personales

Utiliza este espacio para anotar cómo te sientes.
Recuerda que somos cíclicas; anotar tus emociones
te ayuda a reconocer el ciclo en el que estás
pasando, a vivir en armonía.
Todo pasa, Todo cambia.

....
....
....
....
....
....
....
....
....
....
....
....
....
....
....

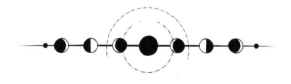

Agradece

07 | DOMINGO

Luna llena

---

*Cuando el intento se funde con una guerrera, la transforma
en una fuerza pura que llamamos: voluntad.*

(Don Juan Matus)

08 | LUNES

Actua

Sigue el ritual de luna llena en la próxima página

FASE LUNAR
La Ovulación
Desde el día 13 hasta el día 17/18 del ciclo

Que nos pasa
a nivel físico:

- El folículo dominante libera el óvulo
- Se produce progesterona y la hormona luteinizante alcanza su máximo nivel
- La ovulación ha inicio
- La subida de nivel de las feromona nos hace sentir más atractivas, más lindas, seductoras, empáticas
- Tenemos muchísima energía

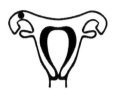

Luna llena - Cuarto menguante

Que nos pasa
a nivel
emocional

- Es el momento de nutrir y ejecutar nuestro proyecto
- Es el momento de crear
- Tenemos más ganas de salir, estar en compañía
- Nos invade una oleada de energía creadora que si no está bien canalizada se convierte en nerviosismo e histeria
- Podemos sentirnos distraídas y con muchos antojos
- Aumenta la libido

Verano

La madre arquetípicamente es armonía, empatía, es protectora y asume responsabilidades

En el jardín

- La savia se concentra en tallo, hojas, ramas y flores
- Ideal para cosechar hortalizas de hojas
- Podar si queremos que crezca más fuerte y más folliaje
- Trasplantar si queremos que las hojas se desarrollen más rápidamente

Luna llena

La luna llena es la matrona, la madre, la emperatriz del tarot, la diosa creadora de sus propios caminos; es fuente de vida y nacimiento.

Hoy la luna alcanza su máximo esplendor, está bellísima y nosotras igual, nuestra energía está al máximo. Estamos ovulando, estamos creando. La fertilidad es crear, la fertilidad es mujer. Crear un libro, una canción, un proyecto, poemas, escultura, un cuadro, hacer negocios, construir un hogar ...hasta tenemos el poder de crear una vida humana.

CREAR ES UNA DE NUESTRAS HABILIDADES COMO MUJERES

En la luna llena es un tiempo donde las mujeres experimentan una oleada de energía, que si no está canalizada se convierte en nerviosismo. Canalizada y dirigida, esta energía de la luna inicia acciones que hacen que los deseos y sueños ocurran, interconecta mujeres en todo el mundo y mueve las ideas iniciales de luna nueva hacia realidades manifiestas. Las mujeres alcanzan el tope de su voluntad y de su ser creativo y se convierten en diosas atrayendo la luna .

Apunta tu energía hacia tus sueños

Ritual de luna llena

¡HOY HAY QUE CELEBRAR!

Prende una vela, un fuego, canta, baila, ríete, embriágate de felicidad, celebra sola o con más mujeres. Tómate un momento para observar la luna y repite en voz alta.

VEN A MI Y LLENAME CON TU LUZ
ENTRA EN MI BRILLANDO CON TU PLENITUD
QUE PUEDA USAR TU PODER PARA MI BIEN
Y PARA EL BIEN DE TODOS

Luego busca la lista de tus deseos (la lista que recopilaste durante la luna nueva) y vuelve a leerla en voz alta para que se cargue con el poder de la luna llena, agradece y termina diciendo "Así sea". Quédate en silencio unos minutos y termina apagando la vela.

Si tienes cristales es un buen momento para sacarlos y dejar que la luz de la luna los cargue con su energía. Deja tus cristales toda la noche bajo la luz de la luna y retíralos antes que salga el sol.

SEPTIEMBRE

09 | MARTES

Crea

Debes saber que quieres para reemplazar lo que tienes. Cuando sepas lo
que es, debes asumir la sensación de que ya lo tienes, aunque tu
razón y tus sentidos negarán su existencia.

(Neville Goddart)

10 | MIÉRCOLES

11 | JUEVES

¡Sientes como la energía empieza a bajar?
Son los últimos días para dar un empujón a nuestros objetivos y agradecer los
avances que hemos tenido desde la luna llena.

12 | VIERNES

SEPTIEMBRE

13 | SÁBADO

Todos estamos hechos de luz; la luz activa el cuerpo energético y, aunque tenemos forma humana, para un brujo que ve, somos esencialmente filamentos de luz.
Nuestro lado humano es una herencia simia que nos hace actuar de forma indisciplinada.

(El Conocimiento silencioso, Carlos Castaneda)

---

14 | DOMINGO

Cuarto menguante

Medita

FASE LUNAR
Fase Lútea
Desde el día 18 hasta el final del ciclo

Que nos pasa a nivel físico:

- El folículo vacío que ha quedado en el ovario tras la ovulación da lugar al cuerpo lúteo
- El cuerpo se prepara para un eventual embarazo
- Alta producción de **progesterona** que hace que el endometrio aumente de espesor; si no se produce el embarazo, la progesterona empieza a bajar y el endometrio empieza a "morir"
- Tratamos de no gastar energía
- Queremos dormir más
- Nos volvemos más sensibles
- Empieza una fase de reflexión
- Habla la intuición

Cuarto menguante – Luna negra

Que nos pasa a nivel emocional

- Es una fase para sanar y avanzar en nuestro proceso de crecimiento personal
- Es la fase ideal para indagar en nuestras necesidades, nuestros miedos
- Es el momento de limpiar, hacer orden y tirar lo que ya no sirve
- En esta fase nos conectamos con la magia interior, con nuestros poderes

Otoño

La hechicera arquetípicamente mira hacia dentro y deja atrás lo que ya no sirve. Se vincula al misterio y al interior.

En el jardín

- La savia empieza a descender hacia las raíces
- Ideal para sembrar hortalizas de raíz
- Trasplantar, abonar, cortar hojas secas

15 | LUNES

Cierra

Si te aferras, te atormenta una sensación de pérdida y anhelo. Y entonces te sientes insatisfecha. Sería más prudente no aferrarse, sino simplemente dejarse llevar. Entonces sentirías que no has perdido nada, porque ya lo has disfrutado plenamente. Mi consejo es que no retengas nada más allá de tu tiempo.

Sulle Ali dell' Intento, Taisha Abelar

16 | MARTES

Deja ir

SEPTIEMBRE

17 | MIÉRCOLES

¡No te desesperes! Muchas situaciones y cosas se van perdiendo. Hay días que sentimos que lo hemos perdido todo, recuerda que estamos en luna menguante y nuestra fuerza disminuye. Descansa, agradece, pronto la luz de la luna volverá a darte la fuerza. .

18 | JUEVES

SEPTIEMBRE

19 | VIERNES

Todo lo que se aleja de ti ha permanecido tanto tiempo como se suponía que
debía permanecer. No debemos aferrarnos a nada porque el fin de
una cosa es siempre el comienzo de otra..

(Sulle Ali dell' Intento, Taisha Abelar)

20 | SÁBADO
Luna negra

Sueta

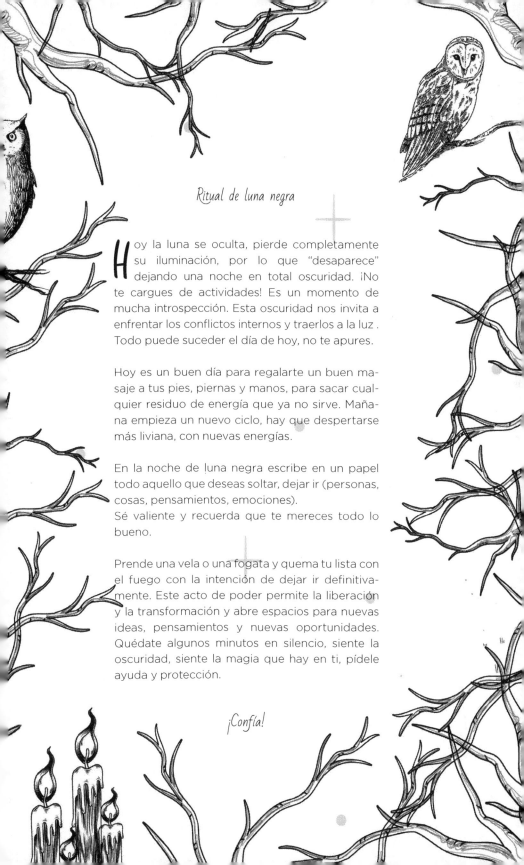

Ritual de luna negra

Hoy la luna se oculta, pierde completamente su iluminación, por lo que "desaparece" dejando una noche en total oscuridad. ¡No te cargues de actividades! Es un momento de mucha introspección. Esta oscuridad nos invita a enfrentar los conflictos internos y traerlos a la luz . Todo puede suceder el día de hoy, no te apures.

Hoy es un buen día para regalarte un buen masaje a tus pies, piernas y manos, para sacar cualquier residuo de energía que ya no sirve. Mañana empieza un nuevo ciclo, hay que despertarse más liviana, con nuevas energías.

En la noche de luna negra escribe en un papel todo aquello que deseas soltar, dejar ir (personas, cosas, pensamientos, emociones).
Sé valiente y recuerda que te mereces todo lo bueno.

Prende una vela o una fogata y quema tu lista con el fuego con la intención de dejar ir definitivamente. Este acto de poder permite la liberación y la transformación y abre espacios para nuevas ideas, pensamientos y nuevas oportunidades. Quédate algunos minutos en silencio, siente la oscuridad, siente la magia que hay en ti, pídele ayuda y protección.

¡Confía!

SEPTIEMBRE

21 | DOMINGO

Luna nueva

Respira

No hay mejor amigo que el silencio, no hay mejor viaje que ir hacia dentro, no hay mejor maestro que tu espíritu interno.

22 | LUNES

Medita

Sigue el ritual de luna nueva en la próxima página

FASE LUNAR
La Menstruación
Día 1, día de sangrado

Que nos pasa a nivel físico:

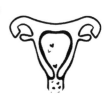

- La superficie del endometrio se rompe y se convierte en fluido rojo que contiene sangre, pero también células madres, vitaminas, proteínas, sales minerales, cobre, magnesio y potasio.
- El cuello del útero está ligeramente abierto para dejar pasar la sangre
- Estamos inundadas de oxitocina
- Es el fin de un ciclo e inicio de otro
- El cuerpo nos pide descansar
- La espiritualidad sustituye a la sexualidad

Luna nueva - Cuarto creciente

Que nos pasa a nivel emocional

- Es la fase oscura por excelencia
- Es el momento de quietud y meditación
- Es la fase del silencio y la introspección
- Debemos tomarnos el tiempo de menstruar y así recargar energía para el ciclo que va a empezar
- Habla la intuición y el instinto
- Cómo se derrama la sangre así debemos dejar ir lo que ya no sirve
- Conectar con tu yo más íntimo

Invierno

La bruja arquetípicamente representa la sabiduría, la interiorización, la magia, la quietud y la renovación.

En el jardín

- La savia se concentra en las raíces
- Eliminar hojas marchitas y deshierbar
- Usa tu sangre menstrual para abonar tus plantas
- Es tiempo de podar
- Cosechar plantas de raíz (zanahoria, rábanos)

Ritual de luna nueva

Haz una lista de lo que quieres lograr en este ciclo lunar.
Tienes 28 días para visualizarlo y crearlo.

En las noche de luna nueva crea tu altar, prendes una vela y entregas tus intenciones, tus sueños, tus afirmaciones. Detente por un momento en silencio, medita, agradece, bendice tu altar y ten la certeza que todo lo que quieres desde el corazón ya está para ti.

"Hay que ser práctica en pedir deseos"

SEPTIEMBRE

23 | MARTES

Escucha

La intuición: el conocimiento que trasciende la lógica

(Osho)

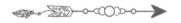

24 | MIÉRCOLES

SEPTIEMBRE

25 | JUEVES

Es la práctica del "no-hacer", de solo sentarse cómodamente, escuchando, sintiendo, sin poner atención en nada en especifico, solo con la decisión de estar allí, siendo ese estado meditativo.

(Nuestro Hogar el Eterno Ahora, Cesar de Morey)

26 | VIERNES

SEPTIEMBRE

27 | SÁBADO

Tu energía dice más que tus palabras.
Con ellas le hablas a los demás y al universo.

28 | DOMINGO

Planea

Cuarto creciente

Cada mañana cuando abro los ojos convoco mi mejor energía. Salgo a la vida como a un campo de batalla lista para ganar siempre y en todas.

(Diario de un aprendiz, Ruben Oscar Guglielmo)

30 | MARTES

Imagina

FASE LUNAR
Fase Folicular
Desde el dia 7 hasta el dia 12/13 del ciclo

Que nos pasa
a nivel físico:

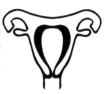

- La glándula pituitaria manda una señal para que el cuerpo empiece a producir hormonas: **estrógeno, testosterona,** la **hormona FSH (folículo estimulante)** y la **hormona luteinizante** para la formación y liberación de óvulos maduros y para preparar el endometrio para un eventual embarazo
- Es la fase donde se produce el desarrollo de folículos ováricos
- Aumenta la **serotonina** de día y la **melatonina** de noche
- Aumenta la energía física, una energía comparable a la primavera nos invade

Cuarto cresiente - Luna llena

Que nos pasa
a nivel
emocional

- Es una fase de preparación para el inicio de algo nuevo, nos preparamos para crear
- Sensación de fuerza que llena el cuerpo
- Fase de potencialidad y vitalidad mental
- Es el momento de iniciar cosas, poner en marcha un proyecto, planear
- Buen momento para tomar decisiones, la serotonina nos da lucidez, pensamientos claros
- Necesitamos dormir menos y tenemos más ganas de socializar
- Sube la autoestima y nos vemos más lindas
- Sube el deseo sexual

Primavera

La virgen arquetípicamente representa resolución y control

En el jardín

- La savia empieza a movilizarse hacia arriba
- Ideal para sembrar hortaliza de hoja y todas plantas que crecen en altura

Observaciones personales

Utiliza este espacio para anotar cómo te sientes.
Recuerda que somos cíclicas; anotar tus emociones
te ayuda a reconocer el ciclo en el que estás
pasando, a vivir en armonía.
Todo pasa, Todo cambia.

_____
_____
_____
_____
_____
_____
_____
_____
_____
_____
_____
_____
_____
_____
_____

OCTUBRE

MI PIEL BAJO LA LUNA

Desnuda se entregó,
Cuando mi voz
Buscó su piel bajo la luna.

Y a abandonarse al fin,
Dando, riendo, amando, así
Dándose al encuentro con la luz.

Ritmo de delirio,
La obscuridad,
Los cuerpos buscan su más allá.

Obscuro encuentro de sed y de soledad,
Bocas que beben un agua de paz.

Pero el amor es combate que no da cuartel,
Lucha de fiebres, de fuego y de hiel,
Tus labios me buscan, me queman.

Desnuda te tomé
Bajo esa luna,
Que nos dio su miel.

Dándonos delirio del encuentro,
Fuego de un aliento, quemándonos,
Guerra de flores, juego de amor.

Nunca morirá el placer,
De perder al encontrar
Piel de mujer,
Grito azul cuando un beso
La hace vivir.

Y en mi pecho el estallar
De un rosal para tu jardín.

Desnuda se entregó,
Cuando mi voz
Buscó su piel bajo la luna.

Letra : Julio Cortáz

Octubre 2025

Sábado	Domingo	Lunes	Martes	Miércoles	Jueves	Viernes
				1	2	3
4	5	6 ○ *Luna llena*	7	8	9	10
11	12	13 ◑ *Cuarto menguante*	14	15	16	17
18	19	20 ● *Luna negra*	21 ● *Luna nueva*	22	23	24
25	26	27	28	29 ◐ *Cuarto creciente*	30	31

MIS FINANZAS

Reto de octubre

FECHA	CONCEPTO	ENTRADA	SALIDA

"Cuánto más trabaja tu dinero, menos tendrás que trabajar tu."

(T.Harv Eker)

OCTUBRE

01 | MIÉRCOLES

Visualiza

Nuestra imaginación es tan poderosa que tenemos el poder de imaginar lo que se nos antoje.

(Nuestro Hogar el Eterno Ahora, Cesar de Morey)

02 | JUEVES

OCTUBRE

03 | VIERNES

....
....
....
....
....
....
....
....

Tú tienes la última palabra de cómo sentirte. ¡Tu decides! Ve al inicio de esta agenda y busca tu *RECORDATORIO MÁGICO*. ¡Míralo! Respira toda la energía que él trasmite. Eres tu en tu mejor versión; cárgate de esta energía y actúa... ya casi llegamos a la luna llena. Que nada ni nadie te distraiga de tu objetivo.

04 | SÁBADO

....
....
....
....
....
....
....

OCTUBRE

05 | DOMINGO

¡Fuerza! ¡Fuerza! ¡Fuerza!
No dejarte llevar por la corriente brumosa del común denominador.
Planta batalla y sal a ganar! Tu puedes todo lo que te propones.

06 | LUNES

Luna llena

Agradece

Sigue el ritual de luna llena en la próxima página

FASE LUNAR
La Ovulación
Desde el día 13 hasta el día 17/18 del ciclo

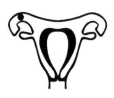

Que nos pasa a nivel físico:

- El folículo dominante libera el óvulo
- Se produce progesterona y la hormona luteinizante alcanza su máximo nivel
- La ovulación ha inicio
- La subida de nivel de las feromona nos hace sentir más atractivas, más lindas, seductoras, empáticas
- Tenemos muchísima energía

Luna llena - Cuarto menguante

Que nos pasa a nivel emocional

- Es el momento de nutrir y ejecutar nuestro proyecto
- Es el momento de crear
- Tenemos más ganas de salir, estar en compañía
- Nos invade una oleada de energía creadora que si no está bien canalizada se convierte en nerviosismo e histeria
- Podemos sentirnos distraídas y con muchos antojos
- Aumenta la libido

Verano

La madre arquetípicamente es armonía, empatía, es protectora y asume responsabilidades

En el jardín

- La savia se concentra en tallo, hojas, ramas y flores
- Ideal para cosechar hortalizas de hojas
- Podar si queremos que crezca más fuerte y más folliaje
- Trasplantar si queremos que las hojas se desarrollen más rápidamente

Luna llena

La luna llena es la matrona, la madre, la emperatriz del tarot, la diosa creadora de sus propios caminos; es fuente de vida y nacimiento.

Hoy la luna alcanza su máximo esplendor, está bellísima y nosotras igual, nuestra energía está al máximo. Estamos ovulando, estamos creando. La fertilidad es crear, la fertilidad es mujer. Crear un libro, una canción, un proyecto, poemas, escultura, un cuadro, hacer negocios, construir un hogar ...hasta tenemos el poder de crear una vida humana.

CREAR ES UNA DE NUESTRAS HABILIDADES COMO MUJERES

En la luna llena es un tiempo donde las mujeres experimentan una oleada de energía, que si no está canalizada se convierte en nerviosismo. Canalizada y dirigida, esta energía de la luna inicia acciones que hacen que los deseos y sueños ocurran, interconecta mujeres en todo el mundo y mueve las ideas iniciales de luna nueva hacia realidades manifiestas. Las mujeres alcanzan el tope de su voluntad y de su ser creativo y se convierten en diosas atrayendo la luna .

Apunta tu energía hacia tus sueños

Ritual de luna llena

¡HOY HAY QUE CELEBRAR!

Prende una vela, un fuego, canta, baila, ríete, embriágate de felicidad, celebra sola o con más mujeres. Tómate un momento para observar la luna y repite en voz alta.

VEN A MI Y LLENAME CON TU LUZ
ENTRA EN MI BRILLANDO CON TU PLENITUD
QUE PUEDA USAR TU PODER PARA MI BIEN
Y PARA EL BIEN DE TODOS

Luego busca la lista de tus deseos (la lista que recopilaste durante la luna nueva) y vuelve a leerla en voz alta para que se cargue con el poder de la luna llena, agradece y termina diciendo "Así sea". Quédate en silencio unos minutos y termina apagando la vela.

Si tienes cristales es un buen momento para sacarlos y dejar que la luz de la luna los cargue con su energía. Deja tus cristales toda la noche bajo la luz de la luna y retíralos antes que salga el sol.

OCTUBRE

07 | MARTES

Actua

❯❯❯❯◐◗●◖◖◖◖

Si asumes tu deseo y vives como si fuera cierto, ningún poder en la tierra podrá impedir que se convierta en hecho

(El poder infinito del Yo Soy, Neville Goddard)

❯❯❯❯◐◗●◖◖◖◖

08 | MIÉRCOLES

Crea

OCTUBRE

09 | JUEVES

El intento es muy difícil de explicar, es el acto de intentar. Los brujos intentan cualquier cosa que se proponen intentar simplemente intentándolo.

(Donde cruzan los Brujos,Taisha Abelar)

10 | VIERNES

11 | SÁBADO

¿Sientes como la energía empieza a bajar? Son los últimos días para dar un empujón a nuestros objetivos y agradecer los avances que hemos tenido desde la luna llena.

12 | DOMINGO

Observaciones personales

Utiliza este espacio para anotar cómo te sientes.
Recuerda que somos cíclicas; anotar tus emociones te
ayuda a reconocer el ciclo en el que estás pasando, a vivir
en armonía.
Todo pasa, Todo cambia.

13 | LUNES

Cuarto menguante

Medita

La verdadera meditación es una actitud, una postura muy sutil pero muy concreta de colocarnos en una posición de estar presenciando con atención plena lo que está ocurriendo.

(Nuestro Hogar el Eterno Ahora, Cesar de Morey)

14 | MARTES

Cierra

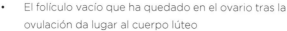

FASE LUNAR

Fase Lútea

Desde el día 18 hasta el final del ciclo

- El folículo vacío que ha quedado en el ovario tras la ovulación da lugar al cuerpo lúteo
- El cuerpo se prepara para un eventual embarazo
- Alta producción de **progesterona** que hace que el endometrio aumente de espesor; si no se produce el embarazo, la progesterona empieza a bajar y el endometrio empieza a "morir"
- Tratamos de no gastar energía
- Queremos dormir más
- Nos volvemos más sensibles
- Empieza una fase de reflexión
- Habla la intuición

Cuarto menguante – Luna negra

Que nos pasa
a nivel
emocional

- Es una fase para sanar y avanzar en nuestro proceso de crecimiento personal
- Es la fase ideal para indagar en nuestras necesidades, nuestros miedos
- Es el momento de limpiar, hacer orden y tirar lo que ya no sirve
- En esta fase nos conectamos con la magia interior, con nuestros poderes

Otoño

La hechicera arquetípicamente mira hacia dentro y deja atrás lo que ya no sirve. Se vincula al misterio y al interior.

En el jardín

- La savia empieza a descender hacia las raíces
- Ideal para sembrar hortalizas de raíz
- Trasplantar, abonar, cortar hojas secas

OCTUBRE

15 | MIÉRCOLES

Deja ir

Deja ir lo que tu mente persigue y encontrarás
lo que tu alma necesita.

(Buda)

16 | JUEVES

OCTUBRE

17 | VIERNES

Somos mente pero el corazón manda. Es la raíz de todo, es el motor, es nuestra verdadera tierra fértil donde sembramos nuestra calidad de ser. Donde se fortalece nuestro batallador espíritu rebelde. Donde vive nuestro amor por esta vida maravillosa. Donde fortalece nuestra impecabilidad El corazón, nuestro guerrero invencible..

(Ruben Oscar Guglielmo)

18 | SÁBADO

OCTUBRE

19 | DOMINGO

¡No te desesperes! En estos días podrás sentirte cansada, sin fuerzas... solo déjalo ir. Recuerda que cuando estamos en luna menguante nuestra fuerza disminuye. Evita tomar decisiones, espera el cambio de la luna.

20 | LUNES

Luna negra

Sueta

Ritual de luna negra

Hoy la luna se oculta, pierde completamente su iluminación, por lo que "desaparece" dejando una noche en total oscuridad. ¡No te cargues de actividades! Es un momento de mucha introspección. Esta oscuridad nos invita a enfrentar los conflictos internos y traerlos a la luz . Todo puede suceder el día de hoy, no te apures.

Hoy es un buen día para regalarte un buen masaje a tus pies, piernas y manos, para sacar cualquier residuo de energía que ya no sirve. Mañana empieza un nuevo ciclo, hay que despertarse más liviana, con nuevas energías.

En la noche de luna negra escribe en un papel todo aquello que deseas soltar, dejar ir (personas, cosas, pensamientos, emociones).
Sé valiente y recuerda que te mereces todo lo bueno.

Prende una vela o una fogata y quema tu lista con el fuego con la intención de dejar ir definitivamente. Este acto de poder permite la liberación y la transformación y abre espacios para nuevas ideas, pensamientos y nuevas oportunidades. Quédate algunos minutos en silencio, siente la oscuridad, siente la magia que hay en ti, pídele ayuda y protección.

¡Confía!

OCTUBRE

21 | MARTES

Luna nueva

Respira

El comienzo de la sabiduría es el silencio.

(Pitagora)

---

22 | MIÉRCOLES

Medita

Sigue el ritual de luna nueva en la próxima página

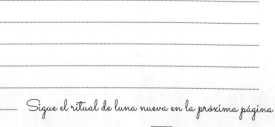

FASE LUNAR
La Menstruación
Día 1, día de sangrado

Que nos pasa
a nivel físico:

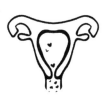

- La superficie del endometrio se rompe y se convierte en fluido rojo que contiene sangre, pero también células madres, vitaminas, proteínas, sales minerales, cobre, magnesio y potasio.
- El cuello del útero está ligeramente abierto para dejar pasar la sangre
- Estamos inundadas de oxitocina
- Es el fin de un ciclo e inicio de otro
- El cuerpo nos pide descansar
- La espiritualidad sustituye a la sexualidad

Luna nueva - Cuarto creciente

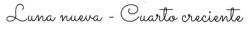

Que nos pasa
a nivel
emocional

- Es la fase oscura por excelencia
- Es el momento de quietud y meditación
- Es la fase del silencio y la introspección
- Debemos tomarnos el tiempo de menstruar y así recargar energía para el ciclo que va a empezar
- Habla la intuición y el instinto
- Cómo se derrama la sangre así debemos dejar ir lo que ya no sirve
- Conectar con tu yo más íntimo

Invierno

La bruja arquetípicamente representa la sabiduría, la interiorización, la magia, la quietud y la renovación.

En el jardín

- La savia se concentra en las raíces
- Eliminar hojas marchitas y deshierbar
- Usa tu sangre menstrual para abonar tus plantas
- Es tiempo de podar
- Cosechar plantas de raíz (zanahoria, rábanos)

Ritual de luna nueva

Haz una lista de lo que quieres lograr en este ciclo lunar.
Tienes 28 días para visualizarlo y crearlo.

En las noche de luna nueva crea tu altar, prendes una vela y entregas tus intenciones, tus sueños, tus afirmaciones. Detente por un momento en silencio, medita, agradece, bendice tu altar y ten la certeza que todo lo que quieres desde el corazón ya está para ti.

"Hay que ser práctica en pedir deseos"

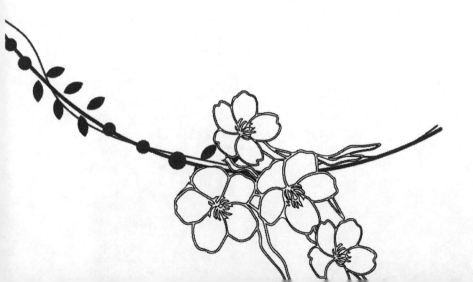

OCTUBRE

23 | JUEVES

Escucha

Lo que los ojos no pueden ver, la intuición lo siente. ¡Escúchala!

(El Principito)

24 | VIERNES

OCTUBRE

25 | SÁBADO

———

El amor no es una relación entre dos personas;
el amor es un estado de paz dentro de ti.

(Osho)

———

26 | DOMINGO

OCTUBRE

27 | LUNES

No busques la sensación, sino lo que tu elegiste hacer, a pesar de las circunstancias. No busques la sensación de estar bien, ¡eliges estar bien!

28 | MARTES

OCTUBRE

29 | MIÉRCOLES

Planea

Cuarto creciente

....
....
....
....
....
....
....

"El tiro es la simpleza", decía Don Juan Matus.
Nada de complicarse la vida, todo pasa por lo más simple; siempre y solo
sonrisas y bienestar, de la manera más simple, para mi y para los demás.

30 | JUEVES

....
....
....
....

Imagina

....
....
....
....

FASE LUNAR
Fase Folicular
Desde el dia 7 hasta el dia 12/13 del ciclo

Que nos pasa
a nivel físico:

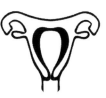

- La glándula pituitaria manda una señal para que el cuerpo empiece a producir hormonas: **estrógeno, testosterona,** la **hormona FSH (folículo estimulante)** y la **hormona luteinizante** para la formación y liberación de óvulos maduros y para preparar el endometrio para un eventual embarazo
- Es la fase donde se produce el desarrollo de folículos ováricos
- Aumenta la **serotonina** de día y la **melatonina** de noche
- Aumenta la energía física, una energía comparable a la primavera nos invade

Cuarto cresiente - Luna llena

Que nos pasa
a nivel
emocional

- Es una fase de preparación para el inicio de algo nuevo, nos preparamos para crear
- Sensación de fuerza que llena el cuerpo
- Fase de potencialidad y vitalidad mental
- Es el momento de iniciar cosas, poner en marcha un proyecto, planear
- Buen momento para tomar decisiones, la serotonina nos da lucidez, pensamientos claros
- Necesitamos dormir menos y tenemos más ganas de socializar
- Sube la autoestima y nos vemos más lindas
- Sube el deseo sexual

Primavera

La virgen arquetípicamente representa resolución y control

En el jardín

- La savia empieza a movilizarse hacia arriba
- Ideal para sembrar hortaliza de hoja y todas plantas que crecen en altura

OCTUBRE

31 | VIERNES

Visualiza

Levántate cada mañana y convéncete de que puedes hacerlo.

NOVIEMBRE

Mujer, ¡coge tu poder!
no te quedes mirando a través del cristal.
Mujer, empodérate
suelta ya el dolor
el nuevo tiempo ya llegó.
Valkirias del norte,
chamanas del sur,
unamos un canto a la tierra.
Parimos el canto del sol.
Suéltate el cabello,
que te acaricie el viento
atrévete a ser libre
y vuelve a recordar dar, dar, dar, dar...
Dadoras de vida, tejedoras del amor
enseñad al hombre a abrir su corazón...
La respuesta está en el vientre,
solo tienes que escuchar el latido de tu vida
que te guia el caminar...
Mujer ¡coge tu poder!

Tanit Navarro

Noviembre 2025

Sábado	Domingo	Lunes	Martes	Miércoles	Jueves	Viernes
1	2	3	4	5 ◯ *Luna llena*	6	7
8	9	10	11 ◑ *Cuarto menguante*	12	13	14
15	16	17	18	19 ● *Luna negra*	20 ● *Luna nueva*	21
22	23	24	25	26	27	28 ◑ *Cuarto creciente*
29	30					

MIS FINANZAS

Reto de noviembre

FECHA	CONCEPTO	ENTRADA	SALIDA

" Si buscas resultados distintos no hagas siempre lo mismo"

(Albert Einstein)

NOVIEMBRE

01 | SÁBADO

*El intento es una fuerza que se encuentra presente
en todo lo que existe.
Es un misterio.*

02 | DOMINGO

NOVIEMBRE

03 | LUNES

Tú tienes la última palabra de cómo sentirte. ¡Tu decides! Ve al inicio de esta agenda y busca tu RECORDATORIO MÁGICO. ¡Míralo! Respira toda la energía que él trasmite. Eres tu en tu mejor versión; cárgate de esta energía y actúa... ya casi llegamos a la luna llena. Que nada ni nadie te distraiga de tu objetivo.

04 | MARTES

05 | MIÉRCOLES

Luna llena

Agradece

Mi magia más grande se presenta en tiempo de oscuridad
cuando no queda más remedio que confiar en mi propio poder.
Soy el poder dentro de mi.

06 | JUEVES

Actua

Sigue el ritual de luna llena en la próxima página

FASE LUNAR
La Ovulación
Desde el día 13 hasta el día 17/18 del ciclo

Que nos pasa
a nivel físico:

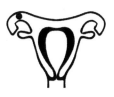

- El folículo dominante libera el óvulo
- Se produce progesterona y la hormona luteinizante alcanza su máximo nivel
- La ovulación ha inicio
- La subida de nivel de las feromona nos hace sentir más atractivas, más lindas, seductoras, empáticas
- Tenemos muchísima energía

Luna llena - Cuarto menguante

Que nos pasa
a nivel
emocional

Verano

- Es el momento de nutrir y ejecutar nuestro proyecto
- Es el momento de crear
- Tenemos más ganas de salir, estar en compañía
- Nos invade una oleada de energía creadora que si no está bien canalizada se convierte en nerviosismo e histeria
- Podemos sentirnos distraídas y con muchos antojos
- Aumenta la libido

La madre arquetípicamente es armonía,
empatía, es protectora y asume responsabilidades

En el jardín

- La savia se concentra en tallo, hojas, ramas y flores
- Ideal para cosechar hortalizas de hojas
- Podar si queremos que crezca más fuerte y más folliaje
- Trasplantar si queremos que las hojas se desarrollen más rápidamente

Luna llena

La luna llena es la matrona, la madre, la emperatriz del tarot, la diosa creadora de sus propios caminos; es fuente de vida y nacimiento.

Hoy la luna alcanza su máximo esplendor, está bellísima y nosotras igual, nuestra energía está al máximo. Estamos ovulando, estamos creando. La fertilidad es crear, la fertilidad es mujer. Crear un libro, una canción, un proyecto, poemas, escultura, un cuadro, hacer negocios, construir un hogar ...hasta tenemos el poder de crear una vida humana.

CREAR ES UNA DE NUESTRAS
HABILIDADES COMO MUJERES

En la luna llena es un tiempo donde las mujeres experimentan una oleada de energía, que si no está canalizada se convierte en nerviosismo. Canalizada y dirigida, esta energía de la luna inicia acciones que hacen que los deseos y sueños ocurran, interconecta mujeres en todo el mundo y mueve las ideas iniciales de luna nueva hacia realidades manifiestas. Las mujeres alcanzan el tope de su voluntad y de su ser creativo y se convierten en diosas atrayendo la luna .

Apunta tu energía hacia tus sueños

Ritual de luna llena

¡HOY HAY QUE CELEBRAR!

Prende una vela, un fuego, canta, baila, ríete, embriágate de felicidad, celebra sola o con más mujeres. Tómate un momento para observar la luna y repite en voz alta.

VEN A MI Y LLENAME CON TU LUZ
ENTRA EN MI BRILLANDO CON TU PLENITUD
QUE PUEDA USAR TU PODER PARA MI BIEN
Y PARA EL BIEN DE TODOS

Luego busca la lista de tus deseos (la lista que recopilaste durante la luna nueva) y vuelve a leerla en voz alta para que se cargue con el poder de la luna llena, agradece y termina diciendo "Así sea". Quédate en silencio unos minutos y termina apagando la vela.

Si tienes cristales es un buen momento para sacarlos y dejar que la luz de la luna los cargue con su energía. Deja tus cristales toda la noche bajo la luz de la luna y retíralos antes que salga el sol.

NOVIEMBRE

07 | VIERNES

Crea

Tu mente tiene la habilidad de crear todo lo que tu le dices. Dile que eres hermosa, dile que eres valiosa, dile que eres única, dile tus sueños.

08 | SÁBADO

09 | DOMINGO

¿Sientes como la energía empieza a bajar? Son los últimos días para dar un empujón a nuestros objetivos y agradecer los avances que hemos tenido desde la luna llena.

10 | LUNES

NOVIEMBRE

11 | MARTES

Cuarto menguante

Medita

Esa es la esencia de la meditación:
volverse intensamente consciente del momento presente.
Presta completa atención a todas las percepciones sensoriales
asociadas con la actividad que estás haciendo.

(El poder del Ahora, Eckhart Tolle)

12 | MIÉRCOLES

Cierra

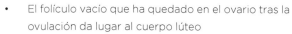

FASE LUNAR
Fase Lútea
Desde el día 18 hasta el final del ciclo

Que nos pasa
a nivel físico:

- El folículo vacío que ha quedado en el ovario tras la ovulación da lugar al cuerpo lúteo
- El cuerpo se prepara para un eventual embarazo
- Alta producción de **progesterona** que hace que el endometrio aumente de espesor; si no se produce el embarazo, la progesterona empieza a bajar y el endometrio empieza a "morir"
- Tratamos de no gastar energía
- Queremos dormir más
- Nos volvemos más sensibles
- Empieza una fase de reflexión
- Habla la intuición

Cuarto menguante - Luna negra

Que nos pasa
a nivel
emocional

- Es una fase para sanar y avanzar en nuestro proceso de crecimiento personal
- Es la fase ideal para indagar en nuestras necesidades, nuestros miedos
- Es el momento de limpiar, hacer orden y tirar lo que ya no sirve
- En esta fase nos conectamos con la magia interior, con nuestros poderes

Otoño

La hechicera arquetípicamente mira hacia dentro y deja atrás
lo que ya no sirve. Se vincula al misterio y al interior.

En el jardín

- La savia empieza a descender hacia las raíces
- Ideal para sembrar hortalizas de raíz
- Trasplantar, abonar, cortar hojas secas

NOVIEMBRE

13 | JUEVES

Deja ir

No importa lo mal que alguien te trate, nunca te pongas a su nivel,
mantén la calma, mantente fuerte y aléjate.

(Buda)

14 | VIERNES

NOVIEMBRE

15 | SÁBADO

Cuando se aspira a la forma perfecta "bastante bien" no es suficiente. Debes saber que la forma exterior de todo lo que hacemos es en realidad una expresión de nuestro estado interior. Siempre estamos expresando nuestro estado interior a través de nuestras acciones.

(Donde cruzan los Brujos, Taisha Abelar)

16 | DOMINGO

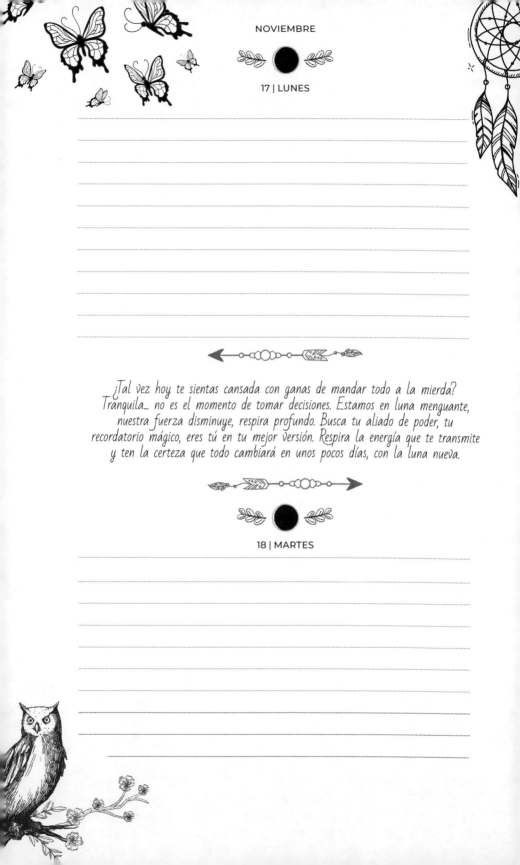

¡Tal vez hoy te sientas cansada con ganas de mandar todo a la mierda? Tranquila… no es el momento de tomar decisiones. Estamos en luna menguante, nuestra fuerza disminuye, respira profundo. Busca tu aliado de poder, tu recordatorio mágico, eres tú en tu mejor versión. Respira la energía que te transmite y ten la certeza que todo cambiará en unos pocos días, con la luna nueva.

18 | MARTES

Observaciones personales

Utiliza este espacio para anotar cómo te sientes.
Recuerda que somos cíclicas; anotar tus emociones
te ayuda a reconocer el ciclo en el que estás
pasando, a vivir en armonía.
Todo pasa, Todo cambia.

_____
_____
_____
_____
_____
_____
_____
_____
_____
_____
_____
_____
_____
_____
_____
_____

Luna negra

Sueta

La mente controla el cuerpo
pero la respiración controla la mente.
¡Solo respira!

Observaciones personales

Un espacio para anotar tus pensamientos, tus emociones.

Ritual de luna negra

Hoy la luna se oculta, pierde completamente su iluminación, por lo que "desaparece" dejando una noche en total oscuridad. ¡No te cargues de actividades! Es un momento de mucha introspección. Esta oscuridad nos invita a enfrentar los conflictos internos y traerlos a la luz . Todo puede suceder el día de hoy, no te apures.

Hoy es un buen día para regalarte un buen masaje a tus pies, piernas y manos, para sacar cualquier residuo de energía que ya no sirve. Mañana empieza un nuevo ciclo, hay que despertarse más liviana, con nuevas energías.

En la noche de luna negra escribe en un papel todo aquello que deseas soltar, dejar ir (personas, cosas, pensamientos, emociones).
Sé valiente y recuerda que te mereces todo lo bueno.

Prende una vela o una fogata y quema tu lista con el fuego con la intención de dejar ir definitivamente. Este acto de poder permite la liberación y la transformación y abre espacios para nuevas ideas, pensamientos y nuevas oportunidades. Quédate algunos minutos en silencio, siente la oscuridad, siente la magia que hay en ti, pídele ayuda y protección.

¡Confía!

20 | JUEVES

Luna nueva

Respira

Atrévete a hacer un contrato contigo mismo. Hoy es un excelente día para cargar de energía tus intenciones y nuevos deseos.

21 | VIERNES

Medita

Sigue el ritual de luna nueva en la próxima página

FASE LUNAR
La Menstruación
Día 1, día de sangrado

Que nos pasa a nivel físico:

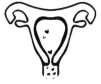

- La superficie del endometrio se rompe y se convierte en fluido rojo que contiene sangre, pero también células madres, vitaminas, proteínas, sales minerales, cobre, magnesio y potasio.
- El cuello del útero está ligeramente abierto para dejar pasar la sangre
- Estamos inundadas de oxitocina
- Es el fin de un ciclo e inicio de otro
- El cuerpo nos pide descansar
- La espiritualidad sustituye a la sexualidad

Luna nueva - Cuarto creciente

Que nos pasa a nivel emocional

- Es la fase oscura por excelencia
- Es el momento de quietud y meditación
- Es la fase del silencio y la introspección
- Debemos tomarnos el tiempo de menstruar y así recargar energía para el ciclo que va a empezar
- Habla la intuición y el instinto
- Cómo se derrama la sangre así debemos dejar ir lo que ya no sirve
- Conectar con tu yo más íntimo

Invierno

La bruja arquetípicamente representa la sabiduría, la interiorización, la magia, la quietud y la renovación.

En el jardín

- La savia se concentra en las raíces
- Eliminar hojas marchitas y deshierbar
- Usa tu sangre menstrual para abonar tus plantas
- Es tiempo de podar
- Cosechar plantas de raíz (zanahoria, rábanos)

Ritual de luna nueva

Haz una lista de lo que quieres lograr en este ciclo lunar.
Tienes 28 días para visualizarlo y crearlo.

En las noche de luna nueva crea tu altar, prendes una vela y entregas tus intenciones, tus sueños, tus afirmaciones. Detente por un momento en silencio, medita, agradece, bendice tu altar y ten la certeza que todo lo que quieres desde el corazón ya está para ti.

"Hay que ser práctica en pedir deseos"

NOVIEMBRE

22 | SÁBADO

Escucha

Cuando el cuerpo y la mente están en calma, se crea una pequeña grieta por la que puede pasar una intuición. Por eso sigo insistiendo en que guardes silencio y dejes que la voz del espíritu te diga qué es realmente una cosa. De lo contrario, nunca te darás cuenta de lo que es verdaderamente esencial.

(Sulle Ali dell' Intento, Taisha Abelar)

23 | DOMINGO

A veces solo tienes que quedarte en silencio

25 | MARTES

NOVIEMBRE

26 | MIÉRCOLES

El intento inflexible de nuestro corazón guerrero es:
la poderosa convicción de ganar siempre y en todas.

(Ruben Oscar Guglielmo)

27 | JUEVES

NOVIEMBRE

28 | VIERNES

Planea

Cuarto creciente

La luna empieza a crecer. Nuestra energía aumenta. Debemos tener claro nuestros objetivos y apuntar nuestras flechas a su manifestación.

29 | SÁBADO

Imagina

FASE LUNAR
Fase Folicular
Desde el dia 7 hasta el dia 12/13 del ciclo

Que nos pasa a nivel físico:

- La glándula pituitaria manda una señal para que el cuerpo empiece a producir hormonas: **estrógeno, testosterona,** la **hormona FSH (folículo estimulante)** y la **hormona luteinizante** para la formación y liberación de óvulos maduros y para preparar el endometric para un eventual embarazo

- Es la fase donde se produce el desarrollo de folículos ováricos
- Aumenta la **serotonina** de día y la **melatonina** de noche
- Aumenta la energía física, una energía comparable a la primavera nos invade

Cuarto cresiente - Luna llena

Que nos pasa a nivel emocional

- Es una fase de preparación para el inicio de algo nuevo, nos preparamos para crear
- Sensación de fuerza que llena el cuerpo
- Fase de potencialidad y vitalidad mental
- Es el momento de iniciar cosas, poner en marcha un proyecto, planear
- Buen momento para tomar decisiones, la serotonina nos da lucidez, pensamientos claros
- Necesitamos dormir menos y tenemos más ganas de socializar
- Sube la autoestima y nos vemos más lindas
- Sube el deseo sexual

Primavera

La virgen arquetípicamente representa resolución y control

En el jardín

- La savia empieza a movilizarse hacia arriba
- Ideal para sembrar hortaliza de hoja y todas plantas que crecen en altura

NOVIEMBRE

30 | DOMINGO

Visualiza

La repetición armónica de un sonido produce una música:
la repetición armónica de un deseo produce milagros.

DICIEMBRE

.... ¿Qué debo hacer para conocerme a mí misma? preguntó ella a su maestro. Deberás encontrar la respuesta a estas preguntas: ¿Quién soy? ¿Qué hago en la Tierra? ¿Tengo una idea clara de lo que quiero en mi vida? ¿Soy realmente quien creo ser o soy lo que otros quieren que sea? ¿Conozco todas las potencialidades de mi ser? ¿Cuáles son mis ideales? Cuando hayas respondido a estas preguntas, entonces comenzarás a entender la profundidad de tu ser: habrás aprendido a conocer tus puntos fuertes y débiles, tus cualidades y tus debilidades. De esta manera podrás conocerte y aceptarte tal como eres, y solo así podrás enfrentar el futuro con determinación."

-La profezia della Curandera, H.H. Manani

Diciembre 2025

Sábado	Domingo	Lunes	Martes	Miércoles	Jueves	Viernes
		1	2	3	4 ◯ *Luna llena*	5
6	7	8	9	10	11 ◑ *Cuarto menguante*	12
13	14	15	16	17 ● *Luna negra*	18 ● *Luna negra*	19 ● *Luna nueva*
20	21	22	23	24	25	26
27 ◐ *Cuarto creciente*	28	29	30	31		

MIS FINANZAS

Reto de diciembre

FECHA	CONCEPTO	ENTRADA	SALIDA

" Ser libre es gastar la mayor cantidad de tiempo de nuestra vida en aquello que nos gusta hacer"

(Jose "Pepe" Mujica)

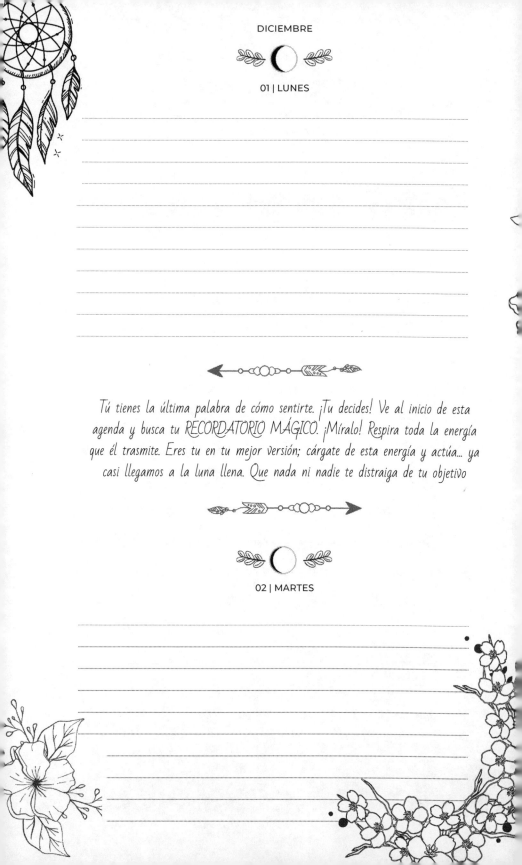

DICIEMBRE

01 | LUNES

Tú tienes la última palabra de cómo sentirte. ¡Tu decides! Ve al inicio de esta agenda y busca tu *RECORDATORIO MÁGICO*. ¡Míralo! Respira toda la energía que él trasmite. Eres tu en tu mejor versión; cárgate de esta energía y actúa... ya casi llegamos a la luna llena. Que nada ni nadie te distraiga de tu objetivo

02 | MARTES

Observaciones personales

Utiliza este espacio para anotar cómo te sientes.
Recuerda que somos cíclicas; anotar tus emociones
te ayuda a reconocer el ciclo en el que estás
pasando, a vivir en armonía.
Todo pasa, Todo cambia.

....
....
....
....
....
....
....
....
....
....
....
....
....
....
....
....

03 | MIÉRCOLES

....
....
....
....
....
....
....
....
....
....
....

YO SOY TODO LO QUE ME PROPONGO SER

04 | JUEVES

Luna llena

....
....
....
....
....
....
....

Agradece

Sigue el ritual de luna llena en la próxima página

FASE LUNAR
La Ovulación
Desde el día 13 hasta el día 17/18 del ciclo

Que nos pasa
a nivel físico:

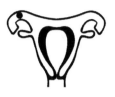

- El folículo dominante libera el óvulo
- Se produce progesterona y la hormona luteinizante alcanza su máximo nivel
- La ovulación ha inicio
- La subida de nivel de las feromona nos hace sentir más atractivas, más lindas, seductoras, empáticas
- Tenemos muchísima energía

Luna llena - Cuarto menguante

Que nos pasa
a nivel
emocional

- Es el momento de nutrir y ejecutar nuestro proyecto
- Es el momento de crear
- Tenemos más ganas de salir, estar en compañía
- Nos invade una oleada de energía creadora que si no está bien canalizada se convierte en nerviosismo e histeria
- Podemos sentirnos distraídas y con muchos antojos
- Aumenta la libido

Verano

La madre arquetípicamente es armonía,
empatía, es protectora y asume responsabilidades

En el jardín

- La savia se concentra en tallo, hojas, ramas y flores
- Ideal para cosechar hortalizas de hojas
- Podar si queremos que crezca más fuerte y más folliaje
- Trasplantar si queremos que las hojas se desarrollen más rápidamente

Luna llena

La luna llena es la matrona, la madre, la emperatriz del tarot, la diosa creadora de sus propios caminos; es fuente de vida y nacimiento.

Hoy la luna alcanza su máximo esplendor, está bellísima y nosotras igual, nuestra energía está al máximo. Estamos ovulando, estamos creando. La fertilidad es crear, la fertilidad es mujer. Crear un libro, una canción, un proyecto, poemas, escultura, un cuadro, hacer negocios, construir un hogar ...hasta tenemos el poder de crear una vida humana.

CREAR ES UNA DE NUESTRAS HABILIDADES COMO MUJERES

En la luna llena es un tiempo donde las mujeres experimentan una oleada de energía, que si no está canalizada se convierte en nerviosismo. Canalizada y dirigida, esta energía de la luna inicia acciones que hacen que los deseos y sueños ocurran, interconecta mujeres en todo el mundo y mueve las ideas iniciales de luna nueva hacia realidades manifiestas. Las mujeres alcanzan el tope de su voluntad y de su ser creativo y se convierten en diosas atrayendo la luna .

Apunta tu energía hacia tus sueños

Ritual de luna llena

¡HOY HAY QUE CELEBRAR!

Prende una vela, un fuego, canta, baila, ríete, embriágate de felicidad, celebra sola o con más mujeres. Tómate un momento para observar la luna y repite en voz alta.

VEN A MI Y LLENAME CON TU LUZ
ENTRA EN MI BRILLANDO CON TU PLENITUD
QUE PUEDA USAR TU PODER PARA MI BIEN
Y PARA EL BIEN DE TODOS

Luego busca la lista de tus deseos (la lista que recopilaste durante la luna nueva) y vuelve a leerla en voz alta para que se cargue con el poder de la luna llena, agradece y termina diciendo "Así sea". Quédate en silencio unos minutos y termina apagando la vela.

Si tienes cristales es un buen momento para sacarlos y dejar que la luz de la luna los cargue con su energía. Deja tus cristales toda la noche bajo la luz de la luna y retíralos antes que salga el sol.

DICIEMBRE

05 | VIERNES

Actua

Tu mente es algo poderoso,
cuando empieces a alimentarla con pensamientos positivos,
tu vida cambiará.

(Buda)

---

06 | SÁBADO

Crea

DICIEMBRE

07 | DOMINGO

*Si quieres llegar donde la mayoría no llega, debes hacer
lo que la mayoría no hace.*

(A. Einstein)

08 | LUNES

DICIEMBRE

09 | MARTES

¿Sientes como la energía empieza a bajar? Son los últimos días para dar un
empujón a nuestros objetivos y agradecer los avances
que hemos tenido desde la luna llena.

10 | MIÉRCOLES

Observaciones personales

Utiliza este espacio para anotar cómo te sientes.
Recuerda que somos cíclicas; anotar tus emociones
te ayuda a reconocer el ciclo en el que estás
pasando, a vivir en armonía.
Todo pasa, Todo cambia.

DICIEMBRE

11 | JUEVES

Cuarto menguante

Medita

La quietud interior revela la verdad.

---

12 | VIERNES

Cierra

FASE LUNAR
Fase Lútea
Desde el día 18 hasta el final del ciclo

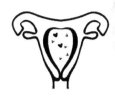

Que nos pasa a nivel físico:

- El folículo vacío que ha quedado en el ovario tras la ovulación da lugar al cuerpo lúteo
- El cuerpo se prepara para un eventual embarazo
- Alta producción de **progesterona** que hace que el endometrio aumente de espesor; si no se produce el embarazo, la progesterona empieza a bajar y el endometrio empieza a "morir"
- Tratamos de no gastar energía
- Queremos dormir más
- Nos volvemos más sensibles
- Empieza una fase de reflexión
- Habla la intuición

Cuarto menguante – Luna negra

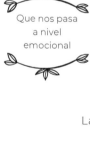

Que nos pasa a nivel emocional

- Es una fase para sanar y avanzar en nuestro proceso de crecimiento personal
- Es la fase ideal para indagar en nuestras necesidades, nuestros miedos
- Es el momento de limpiar, hacer orden y tirar lo que ya no sirve
- En esta fase nos conectamos con la magia interior, con nuestros poderes

Otoño

La hechicera arquetípicamente mira hacia dentro y deja atrás lo que ya no sirve. Se vincula al misterio y al interior.

En el jardín

- La savia empieza a descender hacia las raíces
- Ideal para sembrar hortalizas de raíz
- Trasplantar, abonar, cortar hojas secas

DICIEMBRE

13 | SÁBADO

Deja ir

—)-))-)-)-●-(-(-(-(—

Mientras el yo personal está lleno de esfuerzos, tensiones y estrés, la otra conciencia está desapegada e indiferente, un silencio oscuro, perfectamente contenido, sin pensamientos ni deseos.

(Sulle Ali dell' Intento, Taisha Abelar)

—)-))-)-)-●-(-(-(-(—

14 | DOMINGO

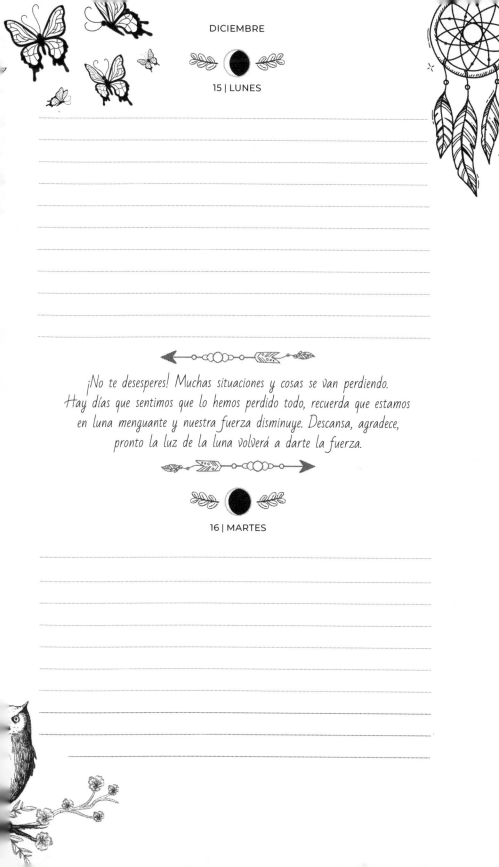

15 | LUNES

¡No te desesperes! Muchas situaciones y cosas se van perdiendo.
Hay días que sentimos que lo hemos perdido todo, recuerda que estamos
en luna menguante y nuestra fuerza disminuye. Descansa, agradece,
pronto la luz de la luna volverá a darte la fuerza.

16 | MARTES

El simple hecho de avanzar hacia algo implica que estás diciendo adiós a lo que dejas atrás. Si no das las gracias por lo que ha sido y en cambio continúas aferrándote a lo que pasó, ¿cómo tendrás la energía para aceptar el maravilloso presente?

18 | JUEVES

Luna negra

Sueta

Ritual de luna negra

Hoy la luna se oculta, pierde completamente su iluminación, por lo que "desaparece" dejando una noche en total oscuridad. ¡No te cargues de actividades! Es un momento de mucha introspección. Esta oscuridad nos invita a enfrentar los conflictos internos y traerlos a la luz . Todo puede suceder el día de hoy, no te apures.

Hoy es un buen día para regalarte un buen masaje a tus pies, piernas y manos, para sacar cualquier residuo de energía que ya no sirve. Mañana empieza un nuevo ciclo, hay que despertarse más liviana, con nuevas energías.

En la noche de luna negra escribe en un papel todo aquello que deseas soltar, dejar ir (personas, cosas, pensamientos, emociones).
Sé valiente y recuerda que te mereces todo lo bueno.

Prende una vela o una fogata y quema tu lista con el fuego con la intención de dejar ir definitivamente. Este acto de poder permite la liberación y la transformación y abre espacios para nuevas ideas, pensamientos y nuevas oportunidades. Quédate algunos minutos en silencio, siente la oscuridad, siente la magia que hay en ti, pídele ayuda y protección.

¡Confía!

Luna nueva

Respira

Procura reservarte momentos de quietud interior, aprendiendo en ellos a discernir lo esencial de lo no esencial.

(Rudolf Steiner)

---

20 | SÁBADO

Medita

Sigue el ritual de luna nueva en la próxima página

FASE LUNAR
La Menstruación
Día 1, día de sangrado

Que nos pasa a nivel físico:

- La superficie del endometrio se rompe y se convierte en fluido rojo que contiene sangre, pero también células madres, vitaminas, proteínas, sales minerales, cobre, magnesio y potasio.
- El cuello del útero está ligeramente abierto para dejar pasar la sangre
- Estamos inundadas de oxitocina
- Es el fin de un ciclo e inicio de otro
- El cuerpo nos pide descansar
- La espiritualidad sustituye a la sexualidad

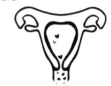

Luna nueva - Cuarto creciente

Que nos pasa a nivel emocional

- Es la fase oscura por excelencia
- Es el momento de quietud y meditación
- Es la fase del silencio y la introspección
- Debemos tomarnos el tiempo de menstruar y así recargar energía para el ciclo que va a empezar
- Habla la intuición y el instinto
- Cómo se derrama la sangre así debemos dejar ir lo que ya no sirve
- Conectar con tu yo más íntimo

Invierno

La bruja arquetípicamente representa la sabiduría, la interiorización, la magia, la quietud y la renovación.

En el jardín

- La savia se concentra en las raíces
- Eliminar hojas marchitas y deshierbar
- Usa tu sangre menstrual para abonar tus plantas
- Es tiempo de podar
- Cosechar plantas de raíz (zanahoria, rábanos)

Ritual de luna nueva

Haz una lista de lo que quieres lograr en este ciclo lunar.
Tienes 28 días para visualizarlo y crearlo.

En las noche de luna nueva crea tu altar, prendes una vela y entregas tus intenciones, tus sueños, tus afirmaciones. Detente por un momento en silencio, medita, agradece, bendice tu altar y ten la certeza que todo lo que quieres desde el corazón ya está para ti.

"Hay que ser práctica en pedir deseos"

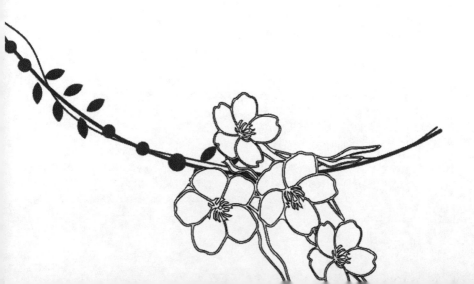

21 | DOMINGO

Escucha

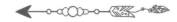

Empieza a confiar en tu intuición.
La intuición es la lucidez que te habla desde el corazón.

22 | LUNES

DICIEMBRE

23 | MARTES

No tengas miedo de disciplinarte. La libertad hay que ganarla. Aprovecha tu centímetro cúbico de oportunidad y haz lo mejor que puedas, pero no para aumentar tu ego.

(Sulle Ali dell' Intento, Taisha Abelar)

24 | MIÉRCOLES

DICIEMBRE

25 | JUEVES

Nuestra impecabilidad de ser nos da luz, ilumina y brilla nuestro corazón guerrero. Esta luz brilla hasta iluminar las montañas mágicas de nuestra mente no ordinaria, que nuestra energía ordinaria nunca nos hubiera permitido conocer.

(Diario de un aprendiz, Ruben Oscar Guglielmo)

26 | VIERNES

DICIEMBRE

27 | SÁBADO

Planea

Cuarto creciente

....
....
....
....
....
....
....

"*Decides lo que quieres ser y luego crea esa realidad*"

28 | DOMINGO

....
....
....
....

Imagina

....
....
....
....

FASE LUNAR
Fase Folicular
Desde el dia 7 hasta el dia 12/13 del ciclo

Que nos pasa
a nivel físico:

- La glándula pituitaria manda una señal para que el cuerpo empiece a producir hormonas: **estrógeno**, **testosterona**, la **hormona FSH (folículo estimulante)** y la **hormona luteinizante** para la formación y liberación de óvulos maduros y para preparar el endometrio para un eventual embarazo
- Es la fase donde se produce el desarrollo de folículos ováricos
- Aumenta la **serotonina** de día y la **melatonina** de noche
- Aumenta la energía física, una energía comparable a la primavera nos invade

Cuarto cresiente - Luna llena

Que nos pasa
a nivel
emocional

- Es una fase de preparación para el inicio de algo nuevo, nos preparamos para crear
- Sensación de fuerza que llena el cuerpo
- Fase de potencialidad y vitalidad mental
- Es el momento de iniciar cosas, poner en marcha un proyecto, planear
- Buen momento para tomar decisiones, la serotonina nos da lucidez, pensamientos claros
- Necesitamos dormir menos y tenemos más ganas de socializar
- Sube la autoestima y nos vemos más lindas
- Sube el deseo sexual

Primavera

La virgen arquetípicamente representa resolución y control

En el jardín

- La savia empieza a movilizarse hacia arriba
- Ideal para sembrar hortaliza de hoja y todas plantas que crecen en altura

DICIEMBRE

29 | LUNES

Visualiza

> " Sí, aunque te parezca increíble, nosotros mismos estamos eligiendo ser y sentir lo que estamos sintiendo en este preciso instante, con los pensamientos como herramientas de creación de dicha magia."

(Nuestro Hogar el Eterno Ahora, Cesar de Morey)

30 | MARTES

DICIEMBRE

31 | MIÉRCOLES

....
....
....
....
....
....
....
....
....
....
....
....
....
....
....

Somos el aquí y ahora
somos este instante de magia que decidimos ser

Termina el año solar, no termina nuestra magia. Acabamos de entrar en la fase de preparación para el inicio de algo nuevo. No te dejes llevar por la corriente brumosa del común denominador de estos días de "fin de año". Mantente firme, en tu nueva posición de poder; un nuevo ciclo lunar acaba de empezar otra vez. Fuerza, locura, alegría siempre y en todo momento.

Nunca te olvides que tú tienes la última palabra de cómo sentirte. No esperes la sensación de estar bien o ser feliz, DECIDES estar bien. Empieza a cultivar tu paladar eligiendo sólo las cosas que tienen gusto a alegría, a felicidad, todo dependerá de la impecabilidad de tu elección. Recuerda que la magia es una búsqueda concreta por la cual podemos percibir la energía directamente y crear lo que queremos desde el corazón.

No pierdas la costumbre de anotar todo lo que te pasa en relación con la energía de la luna y la fase de tu ciclo menstrual, para estar preparada, para vivir atenta, el espíritu habla. Hay que dejar el ruido mental, el continuo parloteo de la mente para poder acceder a esa quietud interior y ser consciente de nuestro poder. Somos luz encapsulada en esta forma humana que podemos plasmar a nuestro antojo porque YO MISMA CREO LO QUE SOY; solo necesitamos acceder al plano de la energía. Somos magia, somos mujeres, hijas de la verdadera esencia divina creadora de todo, la Pachamama, destinadas a convertirnos en maestras de vida y amor.

Feliz ano nuevo
Marta

"...También debes saber que el conocimiento es inútil si lo mantenemos oculto dentro de nosotros. El conocimiento debe transmitirse..."

-La profezia della Curandera, H.H.Mamani

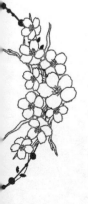

Observaciones personales

Utiliza este espacio para anotar cómo te sientes.
Recuerda que somos cíclicas; anotar tus emociones te
ayuda a reconocer el ciclo en el que estás pasando, a vivir
en armonía.
Todo pasa, Todo cambia.

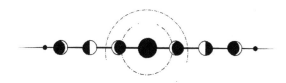

Canción a la Pachamama — Abuela Margarita —
LA TIERRA ES MI MADRE

Todos los humanos somos hijos de la tierra
Todos los humanos somos hijos del sol
Nuestra madre tierra flota en el espacio
Todos somos seres cósmicos

Dulce madre tierra que me alimentas con tanto amor
Que me proteges en todas partes y me muestras tus bellezas
Tu te mueves en el cosmos, nosotros sobre tu piel
El padre sol te fecunda, yo soy hija de los dos

Que agradable sentirnos hijos
De la madre tierra y el padre sol
Que tan hermoso también es, voltear y ver
La influencia de la luna en nosotros
En hombres y mujeres
Nuestra madre tierra flota en el espacio
Flota en el espacio

Dulce madre tierra que me alimentas con tanto amor
Que me proteges en todas partes y me muestras tus bellezas
Tu te mueves en el cosmos, nosotros sobre tu piel
El padre sol te fecunda, yo soy hija de los dos

Todos los humanos somos hijos del padre sol y de la madre tierra
Nuestra madre tierra flota en el espacio
La tierra es mi madre
La amo, la amo
La tierra es mi madre
La cuido, la cuido

El sol es mi padre
Lo amo, lo amo
El sol es mi padre
Lo valoro, lo valoro

Todos los humanos somos hijos de la tierra
Fecunda la tierra mi padre sagrado
Todos los humanos somos hijos del sol
Fecunda la tierra mi padre sagrado
Todos los humanos somos hijos de la tierra, hijo del sol

Todos los humanos somos hijos de la tierra
Todos los humanos somos hijos del sol
Todos somos seres cósmicos.

Bibliografía

Tantra, amore e meditazione , Osho

Il dialogo del silenzio, Itsuo Tsuda

Sabiduria y Poder del ciclo feminino, Marie-Penelope Peres,
Sarah-Maria LeBlanc

Alleggerire l'anima, Osho

La profezia della Curandera, Hernan Huarache Mamani

Nuestro Hogar el Eterno Ahora, Cesar de Morey

Sulle Ali dell'Intento, Taisha Abelar

Ser en el ensueño, Florinda Donner

El pasaje de los Brujos, Taisha Abelar

El poder espiritual de la mujer, Diane Stein

Diario de un Aprendiz, Ruben Oscar Guglielmo

Las enseñanzas de don Juan, Carlos Castaneda

Viaje a Ixtlan, Carlos Castaneda

Relato de poder, Casrlos Castaneda

El poder del Ahora, Eckhart Tolle

Haz tu deseos Realidad: El poder infinito del Yo Soy, Neville Goddard

Seres de Riqueza, Estrella Veloz

El conocimiento silencioso, Carlos Castaneda

Afuera de este mundo, Neville Gottard

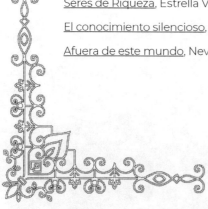

¿Quién es Marta Bellocchio?

Soy una mujer en busca de su libertad total. La libertad de ser dueña de mi misma, la libertad de ser consciente de ser yo la única creadora de mi vida, de mis pensamientos, de mi entorno. Una mujer Guerrera, que lucha a diario para mantener firme su sonrisa a pesar de las circunstancias de la vida; una mujer de acción, que lograr lo que se propone y que defiende con garras su felicidad, su paz interior. Mi corazón apunta a la libertad, mis flechas a quien me la quita.

📘 @Agenda Lunar de una Guerrera
@Marta Bellocchio

𝕏 Agenda Lunar de una Guerrera

Made in the USA
Middletown, DE
03 November 2024